Piensa bonito

Prácticos
Vivir Mejor

Biografía

Tomás Navarro es un psicólogo enamorado de las personas y de lo que estas sienten, piensan y hacen. Tiene una dilatada experiencia internacional como psicólogo, consultor y escritor. En la actualidad reparte su tiempo entre la escritura técnica, la formación, la consultoría, las conferencias y los procesos de asesoramiento personal y profesional. Trabaja y reside en el Pirineo, y ha publicado con gran éxito internacional las obras *Fortaleza emocional*, *Wabi sabi*, *Eres más fuerte de lo que crees*, *Yo soy así*, *Kintsukuroi* y *Tus líneas rojas*, que han sido traducidas a más de veinticinco idiomas.

Tomás Navarro

Piensa bonito

Ocho errores que debes evitar para liberar tu mente y lograr la vida que deseas

Zenith/Planeta

PEFC Certificado

Este libro procede de bosques gestionados de forma sostenible

PEFC

PEFC/14-38-00305 www.pefc.es

Zenith es un sello editorial de Editorial Planeta, S.A.
Avda. Diagonal, 662-664, 08034 Barcelona (España)
www.zenitheditorial.com
www.planetadelibros.com

Adaptación de la cubierta: Booket / Área Editorial Grupo Planeta
Fotografía de la cubierta: © Picsfive / Shutterstock
Primera edición en Colección Booket: enero de 2024
Segunda impresión: abril de 2024

Depósito legal: B. 19.229
ISBN: 978-84-08-28284-6
Impresión y encuadernación: QP Print
Printed in Spain - Impreso en España

Dedicado a Alícia, con acento en la i.
No puedo expresar todo lo que siento al mirarte.
Te miro y veo un compendio de virtudes, una persona
absolutamente encantadora, inteligente, noble, curiosa y resiliente.
Este año la vida nos ha puesto una prueba que nos podría
haber marcado para siempre, pero la has superado con creces.
Cuando quiero dibujar una sonrisa en mi cara,
tan solo tengo que pensar en Alícia

SUMARIO

INTRODUCCIÓN

CONFÍAS DEMASIADO EN TU CEREBRO

Empecé a escribir este libro en uno de los años más difíciles de mi vida. A mediados de marzo del año 2020, igual que la mayoría de personas del planeta, mi mujer, mi hija y yo nos confinamos en casa a raíz de la pandemia provocada por la COVID-19. Como se verá, esto resultó ser un hecho afortunado y marcó la diferencia entre la vida y la muerte para un miembro de mi familia pocas semanas después.

El día 6 de abril, mientras yo preparaba la cena, mi hija Alícia y mi mujer Núria estaban en la buhardilla preparando la decoración de la fiesta que estábamos organizando para el día siguiente con motivo de nuestro decimoctavo aniversario de boda. Me acaba de recorrer un escalofrío por todo el cuerpo con solo recordar el grito de mi hija llamándome, en ese momento, con un tono desesperado, un tono que jamás le había oído. Apagué el fuego en un acto reflejo y subí corriendo, con el corazón en la boca, tropezando y levantándome al vuelo. Núria estaba en el suelo, sin respirar. Todo pasó muy rápido. Le dije a Alícia que llamara a urgencias y yo empecé a tratar de resucitar a Núria mediante la reanimación cardiopulmonar. Afortunadamente, Núria reaccionó al masaje cardíaco. Parecía que la había rescatado del otro lado. Cinco minutos después ya tenía dos ambulancias en la puerta de casa. Alícia les abrió y mientras se llevaban a mi mujer, le pedí que se quedara en casa de los vecinos. Pensé que sería mejor ahorrarle más imágenes traumáticas.

No sabemos todavía la causa del episodio de Núria. Quizás fuera provocado por un cambio en la medicación que toma para su delicada salud, o a lo mejor fue por algún componente neurológico de sus enfermedades autoinmunes. No tenemos ni la menor idea porque, en plena pandemia y con los hospitales colapsados, se limitaron a estabilizarla y la enviaron de vuelta a casa para que no contrajera la COVID-19. No dejo de pensar que si no hubiera sido por esta pandemia y por el confinamiento, el día del incidente, a la hora en que todo sucedió, mi mujer hubiera estado sola en casa y ahora todo sería bien distinto.

Este año ha sido muy duro. Los médicos nos advirtieron de que podría volver a ocurrirle en cualquier momento, y ese es un temor que escapa a cualquier control. Trata de imaginártelo, trata de imaginar lo que supone convivir con la posibilidad —y alta probabilidad— de que tu mujer vuelva a caer sin respiración en cualquier momento. Reto al director de la más terrible película de terror a que intente infundirme una pequeña parte de todo el miedo que he pasado durante este año. No creo que lo consiga.

Por suerte, el episodio de Núria no se ha repetido en algo más de un año y los médicos se decantan por la opción de la medicación como su posible causa. Le he dado muchas vueltas a lo ocurrido durante este año. Apenas hace unos meses empezamos a dejar a Núria sola, pero cada vez que volvía con Alícia del colegio, si no escuchaba un ruido que delatara la actividad de mi mujer, me apresuraba a comprobar que todo estaba bien. Tantas veces he subido la escalera del aparcamiento temiendo lo peor. He sufrido mucho, me he despertado mil veces para escuchar si seguía respirando, me he sorprendido con la mirada perdida imaginando cosas terribles y me he recluido en casa para no correr ningún riesgo innecesario.

¿Por qué te cuento todo esto? Pues porque tengo dos reflexiones que quiero compartir y que han nacido de este terrible incidente. La primera es que estoy tremendamente agradecido de haber pensado y actuado adecuadamente en un momento tan crítico. Siempre me he preocupado por mejorar mi proceso de pensamiento y todo lo que he leído, entrenado, practicado y aprendido cobró sentido en los escasos pero eternos minutos que duró la peor experiencia de mi vida. La segunda es que he sobrellevado dignamente el peor año de mi vida. Sí, he ganado algunos kilos, he abusado del chocolate y he descuidado el deporte, las amistades e incluso el trabajo. Pero gracias, de nuevo a mi forma de pensar, el impacto de algo tan terrible ha sido mucho menor de lo que podría haber sido.

Hoy, un año después, veo a Alícia recuperada y sin secuelas postraumáticas, a Núria con la ilusión de viajar al círculo polar ártico para poder ver auroras boreales y a mí recuperando poco a poco la calma. Vuelvo a salir a la montaña, a ver a clientes y a impartir mis sesiones y mis cursos. Creo que, a pesar de todo, tenemos una vida bonita. La salud no nos acompaña. Tratamos de incidir en ella de la mejor manera posible con hábitos saludables y dieta sana. Vivimos en un valle precioso que es reserva de la biosfera. Tengo a unos clientes maravillosos que han mostrado su lado más comprensivo y a unas editoras encantadoras que me han permitido retrasar hasta en dos ocasiones la entrega del libro que tienes ahora mismo en tus manos.

La diferencia entre la vida y la muerte, por lo menos en mi caso, fue, y sigue siendo, pensar adecuadamente. Y eso es lo que te quiero mostrar en este libro. A menudo, la vida nos plantea retos ante los que debemos pensar de la forma correcta. Ahora que estamos en plena pandemia mundial, es un buen momento para ello. Llevamos más de un año tratando de luchar contra el virus, ¡más de un año!, y todavía no hemos podido erradicarlo. Hay millones de familias que han perdido a un ser querido en el mundo, miles arruinadas económicamente, y todos nosotros vivimos en un contexto económico, social y emocional tan complicado que no podemos permitirnos ni un solo error.

Necesitamos más que nunca pensar bien y pensar mejor. Conozco a personas muy inteligentes que no pueden sobreponerse a la adversidad. Conozco a personas con una clarividencia fuera de serie que viven una vida que no les gusta. Conozco a personas con un gran sentido común que no pueden disfrutar de nada. Conozco a personas exitosas, con bienestar económico y social, que no disfrutan de la vida. Conozco a personas muy bien preparadas, que tienen todo lo que cualquiera podría desear, pero que son incapaces de vivir una buena vida. Conozco a personas con muchos recursos a los que no les sacan partido. Todas estas personas tienen algo en común: no saben pensar bien, no han aprendido que en sus pensamientos se encierra la clave para poder disfrutar de una vida mejor, más plena y realizada.

Hay diferentes tipos de pensamiento. Podemos ser más o menos creativos, que se nos den mejor las matemáticas o las lenguas, pero yo te propongo un nuevo tipo de pensamiento para vivir un nuevo tipo de vida: el pensamiento bonito.

Pensar bonito no solo supone pensar mejor. Pensar bonito es el mejor aliado que tienes para poder vivir la vida que deseas según tus deseos y prioridades. Pensar bonito es un pensamiento mucho más abierto, creativo y receptivo. Un pensamiento que te permite ver oportunidades donde otras personas no pueden verlas. Pensar bonito es pensar de manera resiliente para gestionar la adversidad sin sufrir más de lo necesario, minimizando el impacto del dolor y de sus secuelas. Pensar bonito es encontrar algo que celebrar entre tanta desgracia y dar lo mejor de ti para seguir tirando del carro y ayudar a los tuyos en los momentos más difíciles.

Pensar bonito es pensar de manera «ysiísta» (te lo explicaré con detalle más adelante), expandiendo tus posibilidades y explorando todo lo que el mundo tiene que ofrecerte. Pensar bonito es pensar de manera intensa, salvaje y desinhibida, explorando tus límites y descubriendo mejores versiones de ti mismo. Pensar bonito es pensar de manera compasiva, incorporando a otras personas en tu universo, compartiendo la vida y creando más oportunidades para todos.

Pensar bonito te va a permitir llevar un ritmo de vida más pausado para poder pensar de forma más contextualizada, más ajustada, más independiente, más expansiva, menos presionada, más cualitativa y más auténtica. En realidad, pensar bonito no es un tipo concreto de pensamiento, sino que se nutre de varios tipos de pensamiento a la vez. Pensar bonito es poner a tu servicio, de manera creativa, todos tus recursos para enfocar tu vida hacia tus propios objetivos según tus prioridades. Pensar bonito es expandir la consciencia, disfrutando del aquí y del ahora. Pensar bonito es, en definitiva, la clave para poder tener una vida bonita, rica y disfrutada.

Tengo una buena noticia que darte: pensar bonito es mucho más que una actitud vital, es una manera de pensar que se puede aprender y ejercitar. A raíz del incidente familiar que sufrí, decidí acudir a mi experiencia y a mis conocimientos como psicólogo para tratar de descifrar las claves que me ayudaran a pensar bien. Sabía que en un momento crucial había actuado correctamente, pero quería asegurarme las herramientas para construir el pensamiento bonito que a corto y medio plazo me ayudara a gestionar la difícil etapa que se me avecinaba. Este libro es el resultado de esta investigación, la cual quiero compartir contigo.

En este libro he identificado los ocho errores de pensamiento más comunes, así como un centenar de sesgos de pensamiento más concretos y específicos. Todos ellos nos impiden, de un modo u otro, pensar adecuadamente en nuestro día a día, y sin darnos cuenta limitan nuestras opciones de vivir una vida más feliz. Cada uno de estos errores ocupa un capítulo del libro; los cito a continuación.

El primer error de pensamiento que solemos cometer es que pensamos demasiado rápido, y la velocidad está reñida con la calidad y la eficiencia. Pensar adecuadamente para valorar una situación puede suponer la diferencia entre la vida y la muerte. Fue así en mi caso, cuando al ver a Núria en el suelo sin respirar, me tomé un par de segundos para decidir cómo actuar y opté por hacerle el masaje de reanimación.

El segundo de los errores es que pensamos de forma demasiado superficial. La diferencia entre lo ordinario y lo extraordinario está en el detalle y para poder llegar al detalle tenemos que bajar al fondo de la cuestión.

El tercero de los errores es que no confiamos en nosotros mismos ni en nuestras posibilidades. El miedo y la inseguridad toman el control de nuestro pensamiento y nos limitan y condicionan la vida. En aquel momento tenía que confiar en mí. Era el momento de la verdad, el «solo» más importante de mi vida hasta el momento. No podía fallar. No podía no aceptar el reto.

El cuarto de los errores es que le damos importancia a lo que en realidad es irrelevante. Perdemos mucho tiempo y mucha calidad de vida en discusiones, pensamientos y objetivos intrascendentes.

Nuestro quinto error es que solemos limitar nuestras alternativas, descartando opciones que serían válidas y que nos ayudarían a vivir la vida que queremos. Algunas personas creen que no pueden crear su propia empresa; otras, que no son dignas de ser amadas, y otras muchas, que hagan lo que hagan su vida escapa a su control. Estos son errores de pensamiento que hacen sus vidas más pequeñas.

El sexto de los errores es que creemos todo lo que pensamos. Tenemos dos problemas. El primero es que no siempre pensamos bien. El segundo es que no solemos ser capaces de distinguir cuando estamos pensando mal de cuando estamos pensando bien. Necesitamos una guía que nos ayude a discernir.

Nuestro séptimo error es que sacamos conclusiones y tomamos decisiones cuando no estamos bien de ánimo, o estamos cansados o enfadados o preocupados. Si hay algún momento en el que no podemos hacer caso de lo que estamos pensando es, precisamente, en esas circunstancias, por lo que es importante no dejarnos llevar por un estado de ánimo inadecuado.

Finalmente, nuestro octavo error es que solemos generalizar y dictar sentencias absolutistas, sentencias que rigen nuestra vida a título de normas inflexibles, cual dogmas y actos de fe, pero que son totalmente distorsionadas y erradas. Los seres humanos no somos infalibles. En aquel momento podría haber pensado que Núria estaba muerta, pero elegí pensar que tenía que revivir y que yo podía hacer algo para reanimarla.

Pero no te creas que me limito a mostrarte solo los errores de pensamiento. En cada uno de los capítulos del libro, por cada error que explico, te propongo una técnica para poder identificarlo y gestionarlo. Son las técnicas que yo mismo utilizo, y que me permiten vivir una vida bonita a pesar de la adversidad, de las dificultades de la vida y de los retos que nos tiene preparado el destino. Son las técnicas que enseño a mis clientes en medio de las preciosas montañas de Andorra, en mis charlas y en mis sesiones online. Son ocho herramientas muy sencillas que te ayudarán a mejorar la calidad de tu pensamiento y a ganar en libertad, seguridad, calidad de vida y bienestar emocional. Todas las técnicas son sencillas y de aplicación inmediata en cualquier situación o contexto.

Estamos en un momento en el que no nos podemos permitir no pensar bien. Tenemos una vida, una única vida, una vida que te cambia en cuestión de segundos, y quiero ayudarte a pensar bonito para poder vivir bonito.

VIVES COMO PIENSAS

Tu pensamiento te puede limitar o te puede liberar. Pensar bonito es poner tu mente a tu servicio. Tu vida irá mejor cuando pienses mejor. Tu trabajo irá mejor si piensas mejor. La relación con tu pareja, tus hijos, tu familia, tus amigos y tus compañeros de trabajo irá mejor si piensas bonito. El mundo irá mejor cuando nosotros pensemos mejor. Pensamos mal y ello repercute en nosotros, en nuestra vida, en nuestras relaciones y, a un nivel más amplio, en el mundo y en la sociedad en la que vivimos.

Necesitas un pensamiento que te ayude en vez de limitarte; un pensamiento que te libere en vez de esclavizarte; un pensamiento que te sane en vez de enfermarte. Tú no te das cuenta, pero a menudo tus pensamientos no te dejan vivir la vida.

No podemos creernos todo lo que pensamos. De la misma manera, tampoco podemos no creernos nada de lo que pensamos. Así que el secreto está en aprender a discriminar aquellos pensamientos que nos ayudan de aquellos que nos limitan. Todavía no he encontrado a nadie que afirme que es consciente de que no puede confiar en todo lo que piensa. Es más, suele ocurrirme todo lo contrario, y a menudo me encuentro con personas muy orgullosas y seguras de lo que piensan y que se ofenden si les dices que es posible que, en algunos momentos o en algunas circunstancias, no estén pensando bien y que no deberían confiar tan ciegamente en sus pensamientos. No tenemos consciencia de que podemos pensar mal ni de que estos errores de pensamiento nos están condicionando la vida mucho más de lo que creemos; pero la realidad es que la diferencia entre una vida disfrutada y una vida sufrida radica, a menudo, en tus pensamientos. La diferencia entre el valor y el miedo está en tus pensamientos. Lo que piensas puede ayudarte a conseguir grandes logros o dejarte llorando en un rincón de la habitación.

Tus pensamientos pueden darte un futuro, pero también pueden dejarte atado a un pasado. En tus pensamientos está la clave de tu seguridad, tu libertad y tu felicidad. Somos lo que pensamos, pero muchas de las cosas que pensamos son absolutamente desechables. Somos lo que pensamos, pero que algo esté pasando en tu cabeza no significa, ni mucho menos implica que sea real.

Teóricamente, somos seres racionales, pero en la práctica no lo somos tanto.

Que pienses mucho no significa que pienses bien. A menudo tenemos pensamientos improductivos, como preocupaciones, obsesiones o inseguridades, que toman el control de nuestra mente y no nos dejan concentrarnos en lo que realmente importa.

En nuestro pensamiento está la clave para adaptarnos y gestionar los tiempos difíciles, pero también para disfrutar de los tiempos de bonanza. Nuestro pensamiento rige la relación que tenemos con nosotros mismos, cómo nos tratamos y cómo nos limitamos; pero también afecta a cómo nos relacionamos con otras personas y con el mundo. El pensamiento nos permite ver más oportunidades y nos permite sentirnos capaces. El pensamiento, no lo dudes, nos derrota o nos hace vencedores antes de la batalla.

Nuestros pensamientos afectan a lo que sentimos, lo que hacemos, lo que percibimos, lo que decidimos y dejamos de decidir, lo que amamos y lo que odiamos, lo que nos hace sonreír y lo que no. Pero olvidamos que los pensamientos no son verdades, tan solo son pensamientos.

Aunque la psicología lleva mucho tiempo prestando especial atención a las emociones, no todo en la vida es inteligencia emocional, ni actitud, ni motivación. Saber cómo funciona tu mente, por qué piensas lo que piensas y cómo influye en tu día a día es imprescindible para aprender a vivir bien. En este libro te ayudaré a identificar las trampas de tu mente y cómo tu pensamiento se ve afectado por las situaciones más habituales de la vida. Los psicólogos tenemos la mayoría de errores de pensamiento estudiados, catalogados y tipificados. Nuestra mente no es perfecta, pero eso no quiere decir que no podamos hacer alguna cosa para mejorar la calidad de nuestro pensamiento y, en consecuencia, de nuestra vida.

Basándome en los conocimientos de la psicología, te explicaré la diferencia entre pensar, acumular información y preocuparse. Aprenderás a identificar aquellos pensamientos que das por buenos, pero no lo son, aquellos pensamientos que crees que son tuyos, pero que tampoco lo son, así como las manipulaciones, los esquemas y los prejuicios que están afectando a tu vida.

A lo largo del libro encontrarás ejemplos concretos. He elegido algunos de los pensamientos que suelen darse con más frecuencia en las diferentes áreas de nuestra vida. También he recogido los pensamientos que tienes cuando te sientes observado y juzgado, cuando ves el futuro negro y te quedas sin ánimo para hacer nada, o cuando te sientes inseguro. En todas estas ocasiones estás pensando, a menudo mal, pero pensando, y no importa si es real o no. Lo que importa es el contenido de ese pensamiento porque tu realidad será lo que estés pensando en ese momento, nada más.

Uno a uno iremos analizando los pensamientos que están limitando tu vida y les daremos una respuesta más constructiva. Lo que te propongo en este libro es un cambio de mindset, de programación de pensamiento, para poder detectar los errores que te están limitando y adquirir nuevas herramientas que te permitan sacar partido a tu potencial y poder vivir la vida que mereces.

Vivimos como podemos, pero esta manera de vivir que tenemos no tiene por qué ser la única. Te interesa pensar mejor, no lo dudes. Pensar te ayudará a sobrevivir, pero si aprendes a pensar bonito, podrás lograr una vida bonita, disfrutada y digna de ser recordada. Se trata de mejorar, de crear oportunidades y de disfrutar.

No lo olvides, pensar bonito te ayudará a pasar de la vida que tienes a la vida que puedes llegar a tener.

Confías demasiado en tu cerebro. No es culpa tuya. Es normal. Pero tienes que saber una cosa: a tu cerebro no le importa lo más mínimo que seas feliz, ni que estés triste, ni tan solo que tengas una ilusión. A tu cerebro solo le importa una cosa: que estés vivo.

Tu cerebro tiene la ardua misión de que tu corazón no deje de latir, cada minuto, haga frío o calor, estés durmiendo o corriendo. Por si eso no fuera poco, también se ocupa de que tus pulmones no dejen de respirar ni un solo segundo, estés huyendo de un peligro o estés disfrutando de una bella puesta de sol con un té caliente. Y ya que nos ponemos a hablar de bebida, tu cerebro también se encarga de que cada alimento que tomes elija el camino correcto y vaya al estómago en vez de a los pulmones.

Apunte disruptivo

Tienes muy poco o nada de control sobre la mayoría de procesos que realiza tu cerebro. Se calcula que cerca del noventa por ciento de la actividad cerebral no es consciente. Desde que te levantas hasta que te acuestas, tu cerebro hace millones de procesos, toma decenas de miles de decisiones y procesa cientos de millones de datos sin tu permiso, sin informarte, sin ponerte al corriente, sin que te des cuenta.

Una vez que está seguro de que los alimentos han llegado a tu intestino, tu cerebro también se encarga de mover las vellosidades intestinales para que absorban todos los nutrientes que tu cuerpo necesita y de descomponerlos en pequeñas moléculas que transportará por todo el organismo, atendiendo a que cada una vaya a donde le corresponda.

Tu cerebro gestiona tu temperatura dentro de un estrecho margen de dos grados, esté nevando o haga sol, estés en la playa o en la cima de una montaña, y todo esto sin dejar de controlar que no nos invadan millones de virus, bacterias, hongos y mil amenazas más contra las que está presto a luchar y a combatir.

Todos nuestros órganos internos están controlados por nuestro cerebro mediante una compleja red nerviosa de sensores y receptores. Son algo así como una trama de neuronas y nervios que simula un complejo cableado que permite dar órdenes a cada milímetro de nuestro cuerpo, desde el dedo gordo del pie hasta el último pelo de nuestra cabeza.

Mantenernos vivos y a salvo, estas y no otras son las prioridades de nuestro cerebro. Bueno, cuando puede, intenta disfrutar de un poco de sexo, de un rato de calma o de una siesta. Pero, eso sí, siempre sabiendo que lo tiene todo controlado. Con toda esta información que procesar y gestionar no te creas que le queda mucha energía, así que, siempre que le resulta posible, trata de economizar toda la energía que puede.

Apunte disruptivo

Pensar bien es cansado. Además, el pensamiento consciente es muy lento, por lo que nuestra mente prefiere, siempre que puede, ir pensando en automático, de manera inconsciente. Podemos afirmar que el pensamiento consciente es fatigoso y lento.

Pero no todo son inconvenientes. Cuando tomamos el control de la consciencia, ganamos en flexibilidad. ¿Sabías que cuando pensamos de manera consciente no podemos atender a más de cuatro o cinco unidades de información al mismo tiempo?

VIVIR SE COMPLICA

Hasta aquí solo hemos hablado de nuestras funciones vitales básicas y de lo primero que nuestro cerebro se propuso controlar. Pero llegó un día en el que este decidió crecer con un objetivo: asegurar nuestra supervivencia en un entorno más complejo.

Un buen día, nuestro cerebro se dio cuenta de que necesitaba organizarse para hacer frente a las miles de amenazas que tenía que gestionar cada día, de que tenía que aprender a analizar su entorno para poder detectar las diferencias entre diferentes tipos de plantas comestibles o venenosas, de que tenía que desarrollar su memoria para recordar cómo y dónde cazar mejores presas, de que tenía que ser capaz de sentir compasión para poder vivir en comunidad, de que tenía que ser capaz de tomar decisiones para poder sobrevivir y de que tenía que aprender a comunicarse con otras personas para poder ampliar sus probabilidades de sobrevivir en un entorno hostil.

De nuevo, todas esas habilidades que he descrito, todas esas funciones superiores, todos esos mecanismos de adaptación psicológicos tenían un solo objetivo en mente: asegurar la supervivencia.

Desmontando las trampas de tu mente
Me tiene manía

La base de este sesgo de pensamiento es la personalización de lo que está sucediendo. Sin darnos cuenta, adoptamos una actitud egocéntrica según la cual todo gira a nuestro alrededor. Este sesgo nos salvaguarda de tener que asumir de manera racional que hemos hecho algo mal y nos deja en una posición de víctima, esperando despertar la compasión de nuestro interlocutor y su benevolencia.

Poco a poco, nuestro cerebro fue evolucionando, creciendo en tamaño y en estructuras especializadas. El neocórtex, esa zona repleta de arrugas que recubre nuestro cerebro, esa capa que no llega a los dos milímetros de espesor, la famosa materia gris, fue desarrollándose y especializándose en lo que hoy conocemos como las funciones cognitivas superiores. Nuestro neocórtex es el mayor en proporción de todas las especies animales. En él podemos encontrar funciones superiores, como la capacidad de análisis, las habilidades sociales, la creatividad o la capacidad para solucionar problemas, entre muchas otras.

En resumen, tenemos el mejor cerebro de todo el reino animal, pero con un pequeño problema, y es que apenas somos conscientes del diez por ciento de todo lo que ocurre en nuestra mente. No es casual: para empezar, no podríamos controlar toda la información que tiene que gestionar nuestro cerebro y acabaríamos cometiendo errores que podrían provocarnos la muerte. Sin olvidar que consumiríamos tanta energía y entorpeceríamos tanto el proceso que terminaríamos en estado de shock.

TU CEREBRO NO PUEDE CONFIAR EN TI

Tu cerebro es autónomo e independiente, y no puede desconectar. Cuando duermes y tienes los ojos plácidamente cerrados, tu cerebro sigue con la misma actividad, sin parar, sin descansar ni un solo segundo.

Tu cerebro no puede confiar en ti. No te lo tomes a mal, no es nada personal, pero ¿cómo va a dejar en tus manos que controles que tu corazón lata al ritmo que necesita tu cuerpo basándote en los millones de estímulos detectados por los miles de sensores distribuidos a lo largo y ancho de todo tu cuerpo? No podrías gestionarlo. Colapsarías. Para tratar de imaginar lo que supone procesar todos los datos que gestiona tu cerebro, tienes que imaginar que el ordenador más potente que pueda existir tendría serios problemas para replicar la actividad de nuestro cerebro, ese pequeño órgano de apenas algo más de un kilo de peso.

Apunte disruptivo

Wundt, el fundador de la psicología como disciplina científica, partía del supuesto de que la mente tiene actividad propia. Ahora, gracias a las técnicas de neuroimagen, sabemos que nuestros circuitos inconscientes pueden procesar algo más de 200.000 veces más datos que nuestros circuitos conscientes.

Tu mente tiene el control de todo, para lo bueno y para lo malo, y si cree que tiene que mentirte para seguir manteniendo su estabilidad, pues lo hará, no tengas la menor duda. Digamos que más a menudo de lo que crees, tu mente solo te está informando o poniendo al corriente. Tu mente cuenta contigo mucho menos de lo que te gustaría. Otra cosa es que sea una descarada y haga alegoría de su descaro, por lo que ha desarrollado una estrategia genial para que la dejes en paz: dejarte el pensamiento consciente para ti. Bueno, dejarte, dejarte, hasta cierto punto, ya que si tomas el control de los mandos, es posible que la líes. Así que tu mente te proporciona la ilusión de control, sin dejar de supervisar ni un solo segundo todos tus pasos. Nuestro cerebro se encarga de todo lo que puede y nos deja un poco de margen de atención para nuestras cosas, pero en realidad él va tirando sin informarnos.

Apunte disruptivo

No eres consciente de todas las decisiones que tu cerebro toma por ti. Ni tan solo eres tú quien decides de quién te enamoras. Sí, has acertado, tu cerebro elige de quién se quiere enamorar y luego te informa de su decisión y te manda instrucciones para que trates de conquistar a la persona de la que ha decidido enamorarse.

VIVIMOS RODEADOS DE ERRORES DE PENSAMIENTO

Muchas de las cosas que pensamos parecen razonables, pero no lo son. Cometemos muchos errores. Ese dolor que sientes por ese accidente que tuviste, por esa pérdida, por ese despido o por esa ruina es, de nuevo, un sesgo, el famoso sesgo retrospectivo, que te hace creer que podrías haber predicho lo que te ha pasado. Fíjate, parte de tu dolor tan solo es el resultado de un sesgo. En aquel momento hiciste lo que pudiste, pero ahora crees que podrías haber hecho algo distinto y te castigas en consecuencia, perdiéndote en la historia-ficción, en todo lo que pudo ser pero no fue.

A veces queremos confirmar lo que pensamos y atendemos de manera selectiva a los datos que nos interesan e ignoramos el resto. A veces le damos más peso a los éxitos que a los fracasos en nuestra vida, excepto si andamos bajos de autoestima, pues entonces hacemos justo todo lo contrario y creemos que hemos tenido una vida repleta de fracasos. A menudo creemos que lo que pensamos está más extendido de lo que realmente está, y no entro al detalle de cómo nuestra memoria altera nuestros recuerdos.

Apunte disruptivo

Cuando tengas que hablar con una persona, primero asegúrate de que ha tomado el control consciente. Para conseguirlo tan solo hay una opción: hacerla ver que lo que le vas a decir o hacer es importante para esa persona. Hasta que no te dirija ambos ojos y ambas orejas no hables. Hasta que no hayas formulado algunas preguntas de control para saber si te está escuchando tampoco vayas al grano.

Todos estos errores que acabo de enumerar son sesgos de pensamiento reconocidos y estudiados, habituales para el común de los mortales. Pero tenemos muchos sesgos más que nos dificultan tener una vida bonita, como el sesgo de anclaje, por el cual juzgamos algo con la última información que tenemos en la memoria; el de aversión a la pérdida, por el que preferimos perder poco a ganar mucho; o el de arrastre, que aparece cuando creemos algo porque muchas personas lo creen.

También se sabe que nuestras decisiones pueden verse condicionadas en función de cómo nos presenten la información. ¿Qué prefieres comer, un jamón que tiene el veinte por ciento de grasa o un jamón que contiene el ochenta por ciento de carne magra libre de grasas? ¿Qué prefieres, que te opere un cirujano que fracasa en el diez por ciento de sus intervenciones o un cirujano con una más que excelente tasa de éxito que ronda el noventa por ciento de sus operaciones?

La mayoría de personas cree que controla más de lo que realmente controla y sobreestima el grado de influencia y control que tiene en los elementos externos. Por eso creemos que con poner una vela antes de un examen ya habremos sido capaces de doblegar a la diosa fortuna para ponerla de nuestro lado.

Justo hoy he leído un chiste que me ha encantado y que ilustra lo que acabo de explicar:

—Hola, soy la muerte y te vengo a buscar.
—Bueno, he tocado madera.
—Ah, pues entonces nada, ya me voy.

Ya lo sabes, toca madera por si acaso te viene a buscar la muerte. Que te pille inmunizado y protegido…

Cuando valoramos la información que llega a nuestros sentidos, lo solemos hacer bastante mal. Aplicamos lo que llamamos el «sesgo del científico», según el cual damos más valor a aquella información que confirma lo que pensamos y desestimamos la información que nos contradice, quitándole valor. Si, por ejemplo, creo que es mejor correr que ir en bicicleta, seré capaz de encontrar mil argumentos que justifiquen mi postura; si cambio de opinión también, pero en el sentido contrario. Podemos ver claros ejemplos de este sesgo por doquier, como durante una campaña electoral, en la crisis de la COVID-19 o en cualquier discusión de bar.

Desmontando las trampas de tu mente
Puedo leer el pensamiento

Este es uno de los sesgos más comunes. Cree el ladrón que todos son de su condición. En definitiva, este sesgo no es más que una proyección de lo que pensamos, deseamos o tememos en nuestro interlocutor.

Otro de los errores que más observo a mi alrededor es el que he bautizado como el «efecto cuñado», según el cual te ves menos sesgado y más listo que el resto de personas que conoces. Es especialmente frecuente entre cuñados durante una barbacoa familiar; de ahí el nombre que le he puesto. Creemos, en general, que pensamos mejor que las personas que tenemos cerca, por lo que confiamos más en el pensamiento que producimos nosotros mismos que en el que observamos en otras personas. No importa que nuestro interlocutor sea catedrático ni experto en una materia, nosotros somos capaces de sentirnos más competentes y con una opinión mejor formada que nuestro ilustrado contertulio. Este es un sesgo tan importante que incluso se ha creado una profesión diseñada a tal efecto: la de los tertulianos profesionales, personas que dan su opinión con voz profunda y actitud de experto, sin saber que tan solo son víctimas de un sesgo de pensamiento.

De este sesgo se descuelga uno que hace referencia a que tenemos tendencia a recordar las decisiones propias como mejores de lo que realmente fueron. A veces pienso que, en realidad, es una suerte, ya que imagínate lo que supondría tener que vivir con la carga de todas las malas decisiones que hemos tomado. Podría parecer que es un error que nos ayuda a vivir mejor, pero la verdad es que si creo que soy el número uno tomando decisiones, no tengo nada que aprender y si no tengo nada que aprender, pues repetiré el mismo error una y otra vez. De ahí que el hombre sea el único animal capaz de tropezar cuatro millones de veces o más con la misma piedra.

Analizamos con prejuicio lo que no coincide con nuestros valores y damos por bueno lo que sí que coincide con lo que pensamos o creemos, independientemente de que sea bueno o no. Somos capaces de realzar o minimizar lo que nos convenga tantas veces como nos interese (por ejemplo, cuando nos comparamos con otras personas). Retocamos, eliminamos o damos brillo a aquello que nos conviene, como si de un filtro de Instagram se tratara. Por cierto, aquí tienes el secreto de un buen vendedor: es capaz de sintonizar con los valores del incauto comprador.

Apunte disruptivo

Como dice mi amiga Mandy, si lo que tienes delante no te forma, por lo menos que no te deforme. Me encanta su lema de vida. Siempre trata de aprender de lo que le ocurre, pero a veces sabe que podría incorporar aprendizajes que la deformarían. Por ejemplo, uno puede aprender que machacando a su compañero de trabajo puede trepar en la empresa, que estafando a sus clientes puede ganar más dinero o que chantajeando emocionalmente a su pareja puede tener más beneficios. Pero esos aprendizajes no te forman, como dice Mandy, sino que te deforman.

Chapman, un psicólogo consagrado a la investigación, demostró con sus estudios que nuestras expectativas condicionan el análisis que hacemos de la información que nos presentan. Por eso es tan importante que cuando un claustro de profesores pasa la información de su alumnado a los que serán sus nuevos profesores, lo hagan de la manera adecuada. El profesor al que le dicen que un alumno es buen estudiante tiende a disculpar la información disonante y a magnificar a la información que resuena con sus expectativas.

Y hablando de redes sociales, cuando consultas Twitter y ves que todo el mundo piensa como tú, de nuevo te estás equivocando. Has elegido a las personas que sigues y los has elegido en función de la similitud que puedan tener con tus valores e ideas. Cuando alguien piensa de manera muy diferente a ti, lo descartamos como contacto. Like a like, retuit a retuit, vamos conformando una visión de la realidad a partir de visiones similares a las nuestras, de tal manera que acabamos creyendo que tenemos una buena visión de conjunto de la realidad cuando en realidad no es así. Lo que ves en las redes no es la vida real, ni mucho menos.

Apunte disruptivo

¿Sabes por qué nunca cumples tus planificaciones? Pues por culpa de la falacia de planificación: tenemos tendencia a infravalorar los tiempos que necesitamos para realizar una tarea, o lo que popularmente se conoce como el famoso «solo será un minuto», «dame cinco minutos» o el recurrido «en nada lo acabo».

Tenemos errores de pensamiento para dar y tomar. Por ejemplo, cuando percibes que una persona es fuerte, le atribuyes virtudes que no tiene; cuando percibes que es débil, le atribuyes limitaciones que no tiene. Digamos que nuestra imaginación acaba de dar color a lo que nuestros sentidos perciben de la persona que tenemos delante.

Cuando vas a votar, votas manipulado. Sabemos que preferimos la dualidad a la pluralidad, y por eso los partidos intentan reducirlo todo a derechas o a izquierdas. No toleramos bien los matices, no nos gusta pensar, no queremos elegir entre mil opciones. Somos facilones y comodones. O blanco o negro, no me hagas ahora mirar entre diferentes tonos de grises, que me canso y me pierdo.

Ese dinero que invertiste en bolsa y que perdiste ha sido, de nuevo, la muestra de un sesgo. El sesgo de la pseudocerteza nos conduce a tomar elecciones adversas y de riesgo si creemos —o nos hacen creer— que los resultados son aparentemente positivos. Desarrollamos una especie de visión foco por la que solo vemos todo lo que creemos que podemos ganar y, en consecuencia, ignoramos el resto de datos. ¡Ni tan siquiera les prestamos atención! Aunque mil personas nos digan que nos estamos equivocando, nosotros apostaremos por lo que pensamos, sin ser conscientes de que estamos mezclando el deseo con la realidad.

¿Cómo? ¿Que no inviertes en bolsa? Pues si compras lotería, también estás sucumbiendo a este sesgo: le prestas más atención a lo que puedes ganar que a lo que en realidad estás perdiendo.

Apunte disruptivo

Es mejor reconocer que tu mente se puede equivocar y que no puedes creerte todo lo que piensas que tratar de ignorar este hecho o de dominarla. Aprende a convivir con tu imperfección y la vida será mucho mejor.

Pero no te preocupes, que si no hemos ganado, no pasa nada, ya que tenemos otro sesgo para convencernos de que no se pudo hacer mejor y de que fuimos víctimas de la mala suerte. Es más, podemos llegar a pensar que menos mal que somos tan listos, que, de no ser así de chupiguais, habríamos perdido muchísimo más dinero y, claro, como no se puede comprobar con datos fehacientes, pues así podemos irnos a dormir tranquilos y en paz con nuestras malas decisiones.

Esa oferta que te has comprado en una tienda también es un sesgo, que lo sepas. Solemos tomar decisiones con la última información que nos llega o que tenemos en la memoria. Cuando vemos que algo está en oferta, creemos que la rebaja es real y asumimos que es conveniente para nosotros y que representa una oportunidad que no podemos perder, por lo que vamos a la tienda y lo compramos sin comprobar si realmente está rebajado o no.

Como has podido comprobar, estamos rodeados de errores de pensamiento que nosotros solitos cometemos. Podría seguir y seguir, pero será mejor que deje algunos sesgos para lo que queda de libro, ¿no? No te preocupes, a lo largo del libro iré dándote herramientas para que los puedas identificar y gestionar.

¿SOMOS SERES RACIONALES?

Que quede claro que somos seres racionales, aunque a la vista de algunos comportamientos o pensamientos, uno diría que quizás no tanto, lo cual es un poco incómodo para la psicología. Bueno, seamos claros. No somos tan racionales como creemos.

A veces el error está en el proceso de pensamiento y a veces en el contenido o el significado de lo que pensamos. Algunas personas piensan mal siempre, algunas a ratos, y todos pensamos mal en determinadas circunstancias. Aquí nadie se escapa de cometer errores.

Nuestra mente es genial, es un mecanismo asombroso, pero no es perfecto. Te propongo que aprendas a identificar sus imperfecciones para poder gestionarlas. No es tan difícil como podría parecer. Somos imperfectos, pero podemos mejorar. No te preocupes, te enseñaré a identificar los cortocircuitos de nuestra mente.

Apunte disruptivo

No trates de dominar tu mente, pues tienes la batalla perdida. Años y años de meditación y de práctica de dominio mental quedan arruinados por una noche en vela, una botella de tequila o simplemente por tener ganas de ir al baño. Es mejor que trates de conocerla y de acompasar tu ritmo con el suyo, aprendiendo a identificar cuándo es mejor dar un paso atrás y no tomar ninguna decisión o replantear lo que estás pensando.

Por si tu mente no tuviera poco con tener que lidiar con los millones de estímulos que debe gestionar, la cosa se complica un poco más en algunos momentos. Algunas emociones, algunos pensamientos o algunos estados anímicos pueden inducir errores en el funcionamiento del cerebro. Son muchas las circunstancias que pueden incurrir, pero tenemos un *Hall of Fame*.

Así, a grandes rasgos, nuestro cerebro suele cometer cinco tipos de fallos distintos. No son muchos. Vamos a familiarizarnos con los más comunes y habituales.

Cuando la información de nuestro ordenador central no es buena

Vamos a empezar por el principio: por los fallos de contenido. Nuestro cerebro tiene tres funciones básicas: almacenar información, procesarla y tomar decisiones. Si el contenido de nuestra base de datos no es bueno, no podremos pensar bien. Bueno, matizo, es posible que el procesamiento de la información sea correcto, pero por muy perfecto que sea, si el contenido no es bueno, no servirá de nada.

A veces, nuestro contenido es malo, no hay más. De niños aprendemos a vivir, y por eso es tan importante la estimulación y la educación infantil. No es lo mismo aprender bien que aprender mal. Aprender siempre aprendemos, pero no siempre de la manera adecuada.

Cuando estamos ante algo nuevo, cosa que sucede con mucha frecuencia en nuestra niñez y no con tanta frecuencia en nuestra edad adulta, vamos analizando lo que vemos, pensamos y percibimos, y vamos elaborando nuestras propias conclusiones, las cuales pasarán a guiar lo que pensamos, sentimos y hacemos. Pongamos un ejemplo: imagina que tienes quince años y en plena efervescencia hormonal te enamoras de tu primer amor. Muy posiblemente, esa relación no funcione (no olvides que somos novatos en eso del amor). Vamos, que es muy probable que el primer amor no sea el último, o sí. Muchas personas, tras el fracaso de la relación, incorporan un nuevo contenido en su universo mental: por ejemplo, «no puedes fiarte de las mujeres», «todos los hombres son iguales», «jamás te enamores de una rubia», «jamás te encariñes de un pelirrojo», etc. Esa conclusión que quizás ahora ves que está fuera de lugar, en realidad es ley para muchas personas. El contenido de su pensamiento es ese. Si es pelirrojo, no te líes con él. Ergo, aparece un pelirrojo en escena y ¿qué hacemos? Pues ignorarlo. ¿Por qué? Pues por ser pelirrojo y por un error de contenido del pensamiento.

Dentro de este tipo de errores podemos situar los estereotipos o lo prejuicios, pensamientos que no se ajustan a la realidad en lo que a contenido se refiere. La mayor parte de los errores de pensamiento por contenido se ajustan a este patrón, pero tenemos una opción más. En algunas circunstancias, un contenido bueno y acertado puede aparecer distorsionado; por ejemplo, cuando hemos bebido alcohol, tenemos sueño, hambre o sed, estamos muy cansados o nos encontramos bajo la influencia de una emoción muy intensa.

Apunte disruptivo

Eleanor Rosch, una psicóloga e investigadora estadounidense, propone que cuando pensamos en clave de categorías, tratamos a algunos ejemplares como más típicos o representativos que otros. Esto es especialmente interesante cuando buscamos pareja: descartamos a algunos candidatos y aceptamos a otros en función de cómo encajan en nuestra categoría de pareja. Este proceso que parece tan normal y sencillo esconde un sesgo que suele ser la causa de los problemas para encontrar pareja: el descarte de falsos negativos y la consideración de falsos positivos. Te pongo un ejemplo sencillo: ¿Qué te encaja más como pájaro: un gorrión o una gallina? Exacto, cuando buscamos pareja, nos fijamos en el prototipo, descartando ejemplares que podrían encajar.

A efectos prácticos, estas distorsiones temporales de contenido tienen las mismas consecuencias que los errores que hemos descrito anteriormente. Ya lo sabes, no puedes creerte todo lo que piensas, en especial cuando estés alterado o cuando tengas alguna de tus funciones básicas sin atender.

Cuando nuestro ordenador central no procesa bien la información

También cometemos errores de proceso. Guardamos infinidad de aprendizajes en forma de cadena de sucesos, como una especia de secuencia. Si pasa tal cosa, tengo que hacer tal cosa; si pasa tal cosa, luego sucederá tal otra... La información que guardamos es dinámica y una de las funciones a las que más valor le damos es la de ayudarnos a prever un futuro incierto.

Sin embargo, esos procesos no siempre son acertados. A veces enlazamos dos contenidos que no tienen nada que ver, como ocurre con el pensamiento mágico. Ese tenista cree que si no tapa y destapa las botellas de agua tres veces, fallará su saque. Erróneamente, ha asociado dos elementos que nada tienen que ver entre sí. No es que este tenista sea tonto, ni mucho menos. Tan solo es un error de pensamiento como vulgar mortal que es; eso sí, que no le falle ninguno de sus rituales.

Apunte disruptivo

Las investigaciones de Wertheimer le llevan a distinguir dos tipos de pensamiento: el pensamiento reproductivo, que se caracteriza por ser una mera reproducción mecánica y ciega, y el pensamiento productivo, que es capaz de generar nuevas opciones y alternativas.

Al igual que con el resto de errores de pensamiento, los errores de proceso pueden darse de manera situacional en determinados momentos, pero también pueden darse de forma permanente, como cuando hemos incorporado malas asociaciones a nuestra base de datos de conocimientos. Si creemos que hay una relación entre dos elementos y lo archivamos como tal, pues ya tenemos un proceso guardado, sea bueno o erróneo.

A menudo trabajo los errores de proceso con mis clientes, especialmente en dos contextos. El primero es con deportistas de élite. ¿Tú sabes el drama que puede llegar a suponer no tener tus calcetines de la suerte puestos? Cuando un deportista no ha podido realizar sus rutinas, empieza a sentirse inseguro, pierde la concentración y la confianza en sí mismo, y empieza a cometer errores de proceso que perjudican su desempeño y el resultado del partido o de la competición.

El segundo es en la formación a colectivos de asistencia en emergencias. Cualquier persona huye del peligro. Cualquier persona, cuando se pone nerviosa, piensa peor, pero el colectivo de bomberos, policías y sanitarios no puede permitírselo, ya que el principal error que suelen cometer en acto de servicio son errores de proceso en situaciones de peligro, errores que no pueden cometer dadas sus fatales consecuencias. Por eso son tan importantes los protocolos de seguridad y de toma de decisiones de los cuerpos de asistencia y de seguridad, y por eso es tan importante que los tengan interiorizados, para evitar los errores de proceso en situaciones límite con poco margen de error.

En ambos casos trabajamos para prevenir esos errores de proceso. En el caso de los deportistas trabajamos en su proceso de pensamiento y en la dependencia de sus rutinas. En el caso de los cuerpos de emergencias diseñamos protocolos específicos de seguimiento de órdenes y de toma de decisiones pautadas mediante algoritmos ya estipulados.

Cuando nuestro ordenador central no tiene el disco duro bien estructurado

Te doy la bienvenida a un nuevo tipo de fallo. ¡Y ya te aviso de que la lista no acaba aquí! Los fallos estructurales son fallos relacionados con la manera en la que estructuramos la información. Trata de imaginar la mente como una biblioteca. Ahora imagina que tienes toda la información bien estructurada. En una estantería está todo lo relacionado con la cocina; en otra, los deportes; más allá, las matemáticas... ¿Te haces una idea? Pues ahora trata de imaginarte una biblioteca con algunos fallos de estructura, fallos que pueden ir desde el caos total a algunos errores en algunas de las estanterías.

Imagina que estás buscando una receta para la comida de Navidad en la estantería de la cocina, concretamente en el apartado de recetas, que está justo al lado del apartado de utensilios y más arriba del apartado de tipos de cocina por países. Mientras estás buscando la receta del pavo relleno de Navidad, te encuentras con un libro de cómo reparar tu coche. Pues ya tenemos el drama servido. Posiblemente cojas ese libro y te despistes. Imagina que además el libro con la receta del pavo no está donde tiene que estar y se encuentra justo en el apartado de libros de deportes. Te volverás loco buscando esa receta, te pondrás nervioso, reaccionarás mal y se dispararán todas tus señales de alarma.

Te voy a poner un ejemplo que incide en la calidad de vida de millones de personas en todo el mundo. Todo el mundo, sea de la cultura que sea, compartimos algunas categorías. Una de ellas es, por ejemplo, la categoría «comida». A partir de aquí, para algunas personas, esa categoría de comida se puede subdividir en dos categorías: comida nutritiva y comida a evitar. Dependiendo de lo que tengas en cada categoría, puedes cometer errores de proceso. ¿Un codillo al horno es comida nutritiva o comida a evitar?

Pero vayamos más allá. Imagina que te han detectado una diabetes y que debes eliminar el azúcar de tu dieta. Sin ser consciente de ello, acabas de modificar tu categoría de lo que es y no es comida. Ahora trata de imaginar que crees que los refrescos no forman parte de la categoría «dulces». Para ti, la categoría de dulces incluye pastas, bollos, galletas y pasteles. Sin saberlo, estás cometiendo un error de estructura, ya que no tienes la información bien estructurada y estarás perjudicándote cada vez que tomes un refresco.

La información tiene que estar bien estructurada en categorías, siguiendo una lógica y un orden. Puede que tengas información buena, buenísima, pero mal estructurada, por lo que te costará mucho acceder a ella y recuperarla cuando la necesites.

Por otro lado, si no tienes toda la información bien estructurada, te resultará más complicado centrarte, por lo que te irás despistando y saltando de tema en tema en busca de esa información, alargando y complicando lo que debería ser muy sencillo.

Apunte disruptivo

La organización del conocimiento es lo que diferencia a un experto de un novato en una materia. El experto tiene mucha más información y mucho mejor estructurada que un novato. En 1973, Chase y Simon hicieron un estudio con jugadores de ajedrez para ver cómo afectaba su experiencia y la organización de su conocimiento en sus partidas. Los resultados de su experimento fueron claros: los jugadores expertos empleaban menos tiempo en analizar la situación, cometían menos errores, miraban menos el tablero y extraían más información por la mirada que los novatos. El conocimiento almacenado de manera correcta nos ayuda en nuestro día a día.

Los fallos de gestión son los más habituales, ya que son muy sensibles al entorno. Dame a una persona con una mente perfectamente estructurada y una botella de tequila y verás cómo en tan solo unos chupitos ya podremos observar sus fallos de gestión. Hay numerosos elementos contextuales que suelen provocar fallos de gestión, especialmente nuestras emociones. Te voy a poner un ejemplo, el ejemplo en mayúsculas: el MIEDO. Como sientas miedo, te olvidarás de todo.

Comparto un ejemplo personal para que veas que todos podemos ser víctimas de los fallos de gestión. Hace muchos pero que muchos años, yo practicaba esquí de montaña. El esquí de montaña consiste en subir montañas con unas pieles de foca sintéticas en la suela de los esquís para luego bajarlas esquiando. Es la máxima expresión de la libertad en la montaña invernal. Durante muchos años dejé de esquiar de manera salvaje, pero al irme a vivir al Pirineo, volví a retomar mi afición. Sé esquiar bien, incluso he trabajado como monitor de esquí, pero en una salida de esquí de montaña, tuve miedo, mucho miedo. De repente pasé por un paso muy vertical y estrecho, la nieve era muy profunda y mis esquíes eran muy estrechos, por lo que no flotaba lo suficiente y me hundía hasta prácticamente la cintura. Me tensioné mucho, saturé mis cuádriceps y fui incapaz de esquiar. Todo un error de gestión. El miedo hizo que todo lo que sabía, toda mi experiencia y todo mi conocimiento no me sirvieran de nada por culpa de un fallo de procesamiento. Tenía las habilidades, podía esquiar perfectamente en nieve profunda, podía controlar los esquíes perfectamente, sabía que no corría nada de riesgo, ya que si te caes en ese tipo de nieve, no te despeñas por la montaña, y además tenía la fuerza y la habilidad necesaria para esquiar por ese tipo de nieve y muchos tipos más. Lo tenía todo, pero no lo podía procesar, ni tan solo acceder a ello. Todo eso no sirvió de nada. Era incapaz de gestionar todas mis habilidades y ponerlas al servicio de lo que necesitaba en ese momento. Lo que tenía que ser una agradable salida matinal acabó siendo una salida de siete horas con serias dificultades para llegar al coche.

¿Te acuerdas de los jugadores de ajedrez del apunte disruptivo anterior? Pues como sientan miedo no podrán mover ni una ficha. Los errores de gestión básicamente consisten en que no podemos realizar bien el proceso de pensamiento. Tenemos la información, sabemos lo que tenemos que hacer, somos competentes e incluso expertos, pero en un momento dado, sea por el alcohol, por el sueño o por una emoción, no podemos gestionar toda esa información y experiencia de manera productiva y nos bloqueamos.

Cuando nuestro ordenador central está sobrecargado

Los fallos de carga se dan cuando esta es muy elevada. Esto sucede en momentos puntuales más o menos largos en el tiempo. Pongamos por caso el puente de una autopista, que está pensado para soportar una determinada carga sin problemas. Si aumenta la carga, el puente puede soportarla, pero con un coste en fatiga o en mantenimiento. Después de una pesada carga hay que revisarlo para detectar posibles fallos o roturas. Por otro lado, el puente no podría soportar esa sobrecarga durante mucho tiempo. Finalmente, si la carga es muy pero que muy desproporcionada, el puente cederá y colapsará.

Pues algo parecido nos sucede a nosotros. Por eso es tan importante descansar y ajustar las cargas. Podemos con mucho, con más de lo que creemos, y si tenemos una mente entrenada, podemos con más, pero todo tiene un límite. No podemos ir a mil por hora siempre. No podemos ir a fondo en todo momento. No podemos ir a tope con todo.

Nuestra energía, nuestra capacidad de carga, nuestro esfuerzo y nuestra resistencia es finita y si la llevamos al límite, falla. Los empachos antes de los exámenes son terribles, las guardias médicas son lo peor y conducir durante jornadas maratonianas son ejemplos de errores de carga que están a punto de suceder.

Por eso es tan importante evitar los atracones y realizar planificaciones que nos permitan trabajar con calma y tiempo. Algunas sobrecargas no se pueden evitar, pero otras pueden gestionarse y controlarse con una buena planificación.

Apunte disruptivo

Tenemos algunos fallos más, no te vayas a creer. Cuanto más complejo es un sistema, mayor probabilidad de error asumimos. Tenemos algunos fallos muy claramente identificados que te podrán ayudar a mejorar rápidamente la calidad de tu pensamiento. El miedo, el deseo, las necesidades, las instrucciones, las distracciones, la comodidad, la confianza y la imaginación engañan al cerebro, pero no te preocupes, pues los iremos desgranando a lo largo del libro. Y lo más importante, te iré proporcionado recursos y estrategias para identificarlos y gestionarlos.

No lo olvides...

- Tu pensamiento condiciona...
  Lo que percibes.
  Lo que sientes.
  Lo que haces.
  Lo que recuerdas.
  Lo que esperas que pase.
  Lo que decides.
  Lo que te motiva.
- Tu cerebro prioriza mantenerte vivo.
- Cerca del noventa por ciento de la actividad cerebral no es consciente.
- El neocórtex es el área del cerebro que se ha especializado en funciones superiores como el pensamiento, la creatividad o la toma de decisiones.
- Tu cerebro no descansa nunca.
- Nuestros circuitos inconscientes pueden procesar algo más de 200.000 veces más datos que nuestros circuitos conscientes.
- Muchas de las cosas que pensamos parecen razonables, pero no lo son.
- Atendemos de manera selectiva a los datos para confirmar lo que pensamos.
- La manera como nos presentan la información condiciona las decisiones que tomamos.
- Nos vemos menos sesgados y creemos que pensamos mejor que el resto de la gente.
- Nuestras expectativas condicionan el análisis que hacemos de la información que tenemos disponible.

- Fallos más habituales de nuestro cerebro:
  - De contenido.
  - De procesamiento de la información.
  - De estructura de la información.
  - De gestión de la información.
  - De carga.
- Nuestro cerebro tiene tres funciones básicas:
  - Almacenar información.
  - Procesarla.
  - Tomar decisiones.

CAPÍTULO I

PIENSAS DEMASIADO RÁPIDO

Vivimos en unos tiempos en los que hemos perdido el sentido del tempo. Queremos que todo sea rápido: amamos rápido, comemos rápido, leemos rápido, hacemos deporte rápido y pensamos rápido. Una hamburguesa al año no hace daño, pero donde se ponga una buena escudella de Sant Antoni que se vayan apartando nachos, hamburguesas y pizzas.

En Andorra, para San Antoni, diferentes parroquias sacan a la calle sus mejores escudellas para compartirlas con residentes y turistas. ¡Y a mí me encanta! Podríamos decir que, en el día de San Antoni, todo el país huele a escudella.

Voy a compartir contigo el secreto de la escudella de Sant Antoni: se hace a fuego lento, sin prisas. El tiempo de ejecución de una escudella de Sant Antoni puede rondar las cinco horas. Esa exquisita escudella es el resultado de un complejo y largo proceso de cocción en el que el secreto es precisamente ese, el tiempo que se dedica a que los diferentes ingredientes vayan compartiendo sus propiedades, aromas, sabores y nutrientes con el resto de ingredientes de la escudella. Vamos, que el *fast food* te saca de un apuro, pero que si quieres comer algo excelente, debes tener en cuenta que requiere tiempo, mucho tiempo, y precisamente eso es lo que no tenemos: tiempo. Detrás de la falta de tiempo está la prisa, y es precisamente por esa falta de tiempo por lo que acabamos comiendo mal, descansando mal y, como no podría ser de otra manera, pensando mal.

Desmontando las trampas de tu mente
Él más

Nos comparamos continuamente, pero solo para salir beneficiados de esa comparación. Si creemos que no vamos a salir beneficiados, rechazamos la comparación y preferimos elegir otra opción que sea mejor para nosotros. Cuando te compares con otras personas no olvides que, por un lado, hay personas que lo hacen más que tú, pero, por otro lado, también hay quien lo hace menos que tú... De la misma manera que hay personas que están peor que tú, los hay que están mejor.

Pero volvamos a lo nuestro, a pensar bonito. Básicamente, tenemos dos tipos de procesos de pensamiento. Uno es rápido, inconsciente y automático, y el otro es bastante más lento, consciente y controlado. El pensamiento consciente nos reclama muchos más recursos y, por lo tanto, nos cuesta y nos cansa más. En materia de pensamiento, nuestro cerebro es más de *fast food* que de cocina tradicional.

Vamos a centrarnos en el proceso de pensamiento consciente, el que requiere más tiempo y esfuerzo. Aaron Sloman, el gran especialista en cognición e inteligencia artificial, propone que tenemos diferentes estilos de gestión de la información. Nos habla de un proceso de pensamiento conexionista que depende de nuestra experiencia y que no requiere de un profundo análisis. Se trataría de una simple conexión y asociación.

Tenemos numerosos ejemplos de este tipo de pensamiento en nuestro día a día, como cuando vemos una luz encendida y la apagamos, cuando notamos que la sopa está caliente y la apartamos de nuestra boca, o cuando sacamos la cartera para pagar al llegar a la caja del supermercado.

Pero, por otro lado, también tenemos un proceso de pensamiento analítico basado en reglas y procesos de análisis. Este tipo de pensamiento no se da de manera aislada, sino que depende del contenido de lo que tenemos que analizar, del contexto en el que estamos y de las metas, los objetivos, las prioridades, los valores y las necesidades que tenemos en ese momento.

Sin embargo, cuando nos ponemos a analizar, tenemos un problema: podemos analizar bien o podemos equivocarnos y analizar mal. Te pongo un ejemplo: trata de imaginar que tienes que hacer una nota de cata de diferentes platos. Tu análisis no será el mismo si llegas a la nota de cata con hambre o sin ella. Si tienes hambre, todos los platos te sabrán a gloria y, por tanto, tu valoración será menos objetiva que si, con el estómago lleno, te centras solo en las características de un buen plato.

Apunte disruptivo

En la década de los ochenta, Tversky y Kahneman, grandes especialistas en la cognición, hicieron varios experimentos que pusieron de manifiesto los sesgos que tenemos en la organización y recuperación de la información almacenada. Vamos a replicar uno.

Te voy a hacer una pregunta. ¿Qué dirías, que existen más palabras que empiezan por la letra C o que tienen la letra C en tercera posición? Pues el común de los mortales dice que hay más palabras que empiezan por la letra C que palabras que la tienen en la tercera posición, pero la realidad es justo lo contrario. Si tú también lo has pensado, lo siento, has sido víctima de un error. Has pensado rápido y has sido víctima del error de disposición de la información, ya que nos resulta más fácil recordar palabras que empiecen por una letra que palabras que la tengan en tercera posición.

Nuestro análisis no es puro. Nuestro estado emocional, nuestros miedos, nuestros deseos, nuestros objetivos, nuestras limitaciones, nuestras metas y nuestro contexto pueden provocar una serie de inferencias en nuestro análisis. Inferir no es lo mismo que analizar. Cuando inferimos, estamos interpretando, y cuando interpretamos, el margen de error que estamos asumiendo es muy elevado. A mayor nivel de inferencias será más alta la probabilidad de que cometamos un error en nuestro proceso de análisis.

No basta con tener información, incluso aunque esta sea muy válida y fiable, ya que para poder tomar buenas decisiones tenemos que procesar esa información de manera adecuada, conectarla con los datos y la experiencia que ya tenemos, analizarla sin distorsiones ni sesgos, y extraer conclusiones válidas y de utilidad para nuestros objetivos.

A veces cometemos errores porque el punto de partida no es el correcto y carecemos de información de calidad, fiable o válida. Otras veces tenemos todo lo que necesitamos para realizar un buen proceso de análisis, pero cometemos errores durante el proceso.

EL SECRETO ESTÁ EN EL PROCESAMIENTO

Nuestra mente es un sistema activo de procesamiento de la información con unos tempos y ritmos determinados. Todo requiere su tiempo, pero a veces podemos hacer algo para incidir en ese proceso. Vayamos por partes.

Al igual que hay ordenadores más rápidos y más lentos, podemos encontrarnos con personas con diferentes velocidades de procesamiento de la información. Pero hay algo más: la velocidad de procesamiento de la información también puede variar en función del estado de una persona. A veces pensamos más lento y a veces, más rápido. Si hemos dormido mal, procesamos de una manera muy lenta. Si nos tomamos un café, empezaremos a procesar más rápido. Un segundo café nos dará algo más de velocidad. Pero un tercer café hará que pensemos más rápido, pero con más errores, o incluso que volvamos a pensar más lento de nuevo. Con el café, como con todo en la vida, el secreto está en la dosis.

Apunte disruptivo

Nuestra velocidad de procesamiento depende de la velocidad de nuestros impulsos nerviosos, que a su vez dependen de la mielina, la sustancia que recubre los axones de las neuronas. La función principal de la mielina es acelerar las conexiones e imprimir velocidad a la información que estamos procesando.

Por otro lado, nuestra velocidad de procesamiento de la información también depende del tipo de información que estemos gestionando, así como de la forma en la que se presenta. Por ejemplo, procesamos mucho más rápido la información que recibimos en nuestro idioma materno que la información que nos llega en otro idioma, a pesar de que lo conozcamos y lo controlemos a la perfección.

También procesamos más lentamente aquella información que aparece incompleta, ya que la tenemos que elaborar, así como aquella que tiene una elevada carga emocional y nos evoca y sugiere recuerdos, imaginaciones, deseos o emociones.

Todos tenemos áreas de conocimiento en las que procesamos la información de una manera mucho más rápida y áreas de conocimiento, situaciones o estados mentales en los que el procesamiento de la información se ralentiza. Podríamos decir que aunque seamos una persona de procesamiento rápido y estemos en plenas facultades, podemos llegar a ralentizar nuestro proceso e incluso quedarnos bloqueados ante la carga emocional que nos suscitan determinados datos.

Sabemos que podemos ganar velocidad de procesamiento si somos capaces de optimizar nuestros procesos de gestión de la información y de análisis de la misma, pero cuidado, no olvides que todo tiene un límite.

Volviendo al ejemplo del ordenador, podemos ver claramente que nuestro ordenador tiene un límite de capacidad de almacenamiento y de gestión, así como una velocidad limitada. Todavía uso un iMac del año 2009. Actualmente tiene doce años y ¡me sigue dando servicio! Eso sí, soy consciente de sus limitaciones y de que no puedo pedirle más de lo que me puede dar.

Cada uno elabora sus propias estrategias para procesar la información. A lo largo de nuestra etapa escolar, así como con las experiencias que vamos viviendo, vamos incorporando diferentes estrategias para gestionar toda la información que tenemos cerca. Si somos capaces de mejorar nuestra capacidad para procesar la información, podremos adquirir más conocimientos y habilidades de complejidad creciente, y muy especialmente ganar en velocidad de procesamiento sin aumentar la incidencia del error en nuestros análisis.

Si, por ejemplo, ordenamos mejor la información, la podremos encontrar más rápido y mejor. Asimismo, si codificamos bien esa información, la relacionamos bien, eliminando lo accesorio y centrándonos en lo más importante, también podremos recuperarla más rápido y con menos errores.

Procesamos información de manera continuada. Por ejemplo, cuando estamos a punto de entrar en un parking con el coche, la diferencia entre bajar la ventanilla, estirar el brazo y recoger el ticket cómodamente o parar demasiado lejos del dispensador del ticket, soltarnos el cinturón, abrir la puerta y empezar a hacer gestos raros para llegar a recoger el ticket, es una consecuencia, sin duda, de cómo procesamos la información. Cada día, varias veces al día, el modo en el que procesas la información marca la diferencia entre hacer algo bien o con dificultades. Esa receta de cocina, caminar, hacer la compra o decidir qué película ver requiere de un correcto procesamiento de la información.

Desmontando las trampas de tu mente
Tiene que estar aquí

Nos obcecamos con una opción o alternativa y descartamos el resto. Olvídate de seguir buscando eso que has perdido en el mismo cajón y piensa diferente. Busca en lugares no habituales, abre tu mente y explora. Si estuviera donde crees que debería estar, ya lo habrías encontrado.

Te pondré un ejemplo de cómo aprendemos a guardar mejor la información y de la importancia de hacerlo bien. Imagina que tenemos que leer un texto y que una de las frases está en cursiva. Un niño es capaz de guardar datos accesorios que a veces son importantes, pero que a su vez pueden ser distractores o irrelevantes, como que una frase esté en cursiva, mientras que un adulto puede valorar que la cursiva de esa frase es un dato irrelevante y que tiene que focalizarse en el contenido de la frase codificando solo lo leído.

Si somos capaces de elaborar y construir nuevas estrategias para elaborar la información y si, de la misma manera, somos capaces de adquirir nuevos procedimientos para procesar la información, tendremos un repertorio mayor de recursos y estrategias, por lo que podremos elegir la más adecuada y ganar algo de velocidad sin perder la fiabilidad y sin incurrir en un error.

Apunte disruptivo

Cuidado con las estrategias equivocadas. A veces tenemos una estrategia, pero no somos conscientes de que no es adecuada. Nos sentimos confiados porque creemos que esa estrategia nos está ayudando, pero en realidad nos está perjudicando y no nos está permitiendo que pongamos en práctica una estrategia más adecuada. Si somos conscientes de que no tenemos estrategia o de que está equivocada, tenderemos a buscar una estrategia adecuada, pero si creemos que tenemos una buena estrategia, nos quedaremos anclados en el error. Una cosa es saber, otra cosa es saber lo que no sabes y otra cosa muy distinta es no saber lo que no sabes.

Automatiza lo que puedas

¿Te acuerdas de cuando aprendiste a conducir? ¿Te acuerdas de cómo aprendió a leer tu hijo? ¿Te acuerdas de esas primeras semanas en un trabajo nuevo?

Me acuerdo de la primera vez que subí a un coche. ¡Tenía tantas ganas! Aprender a conducir significaba la libertad total para ir a la montaña. Recuerdo mi primera vez, estaba completamente saturado de estímulos. Antes de arrancar ya estaba apabullado con las instrucciones de mi instructor.

Unos cuantos años después de esa primera clase, concretamente la friolera de veintitrés años, conduzco sin ser consciente de la presión que ejerzo sobre los pedales, del momento en que cambio la marcha o de cómo pongo el intermitente para cambiar de carril. En esa primera clase, en un día de primavera de 1992, tomé consciencia de mi incompetencia. Poco a poco fui ganando competencia en eso de conducir un coche y fui ganando consciencia de mi competencia. Un día, no sé cuándo, dejé de ser conscientemente competente para pasar a ser inconscientemente competente, es decir, que ya tenía automatizado el proceso de conducción.

Hace poco, sin embargo, volví a sentirme incompetente. Con mucho esfuerzo, mi familia y yo nos compramos una autocaravana de ¡siete metros y medio de largo por dos metros y medio de ancho, y algo más de tres metros de alto! Nunca olvidaré el día que la conduje por primera vez. ¡La carretera me parecía el filo de una espada! Buscaba el cambio de marchas donde no era, se me caló varias veces y fui incapaz de poner la música que me pedía mi hija, ya que apenas podía despegar las manos del volante. Pero ahora que ya tiene algunos kilómetros, puedo maniobrarla como si se tratara de un utilitario, o casi.

Fíjate qué interesante. Cuando automatizamos un proceso, somos capaces de procesar la información con poco o nulo esfuerzo, y eso es genial porque el primer día que conduje yo solo con mi flamante carnet, en un trayecto de apenas media hora, terminé completamente agotado. Sin embargo, gracias a que he automatizado el proceso de conducción, hoy en día puedo ir a Barcelona desde el Pirineo y volver en el mismo día, recorriendo prácticamente quinientos kilómetros sin apenas esfuerzo.

A medida que vamos ganando competencia, podemos ir automatizando procesos. Eso nos permite liberar espacio de nuestro procesador y disponer de una velocidad de procesamiento y de unos recursos que podemos destinar a otras cuestiones.

¿Te imaginas lo que supondría leer si no hubiéramos automatizado la capacidad para leer? Trata de imaginarte lo que supone ir leyendo letra a letra frente a la capacidad automatizada que tenemos para reconocer palabras enteras.

Mi consejo es que automatices todo lo que puedas, ya que una tarea automática no requiere un esfuerzo consciente y te permite conservar mucha energía. ¿Pero qué tenemos que automatizar? Pues todo aquello que nos permita economizar energía sin asumir ningún riesgo. No olvides que pensar rápido es uno de los ocho errores de pensamiento que condicionan nuestra vida. Depende de lo que automatices puedes poner en riesgo tu vida. No lo olvides, para operar a un paciente, cortar jamón, conducir o nadar en el mar, necesitas tu atención plena, así que nada de automatizar. Si no estás convencido de lo que te digo, si algún día coincidimos, pídeme que te enseñe la cicatriz que tengo en dos dedos por culpa de automatizar algo tan sencillo como cortar jamón.

PENSAR BIEN, PENSAR BONITO, REQUIERE TIEMPO

Ya has visto que tenemos recursos limitados y una velocidad de pensamiento que, aunque podamos mejorarla, no es infinita, así que ya puedes asumir que pensar bien requiere tiempo. Tiempo para poder mejorar el proceso de pensamiento y tiempo para poder desarrollar el proceso de pensamiento en el que estés.

Apunte disruptivo

En la década de los ochenta, las investigaciones de Evans en materia de gestión de la información demostraron que procesamos mejor la información positiva y peor la negativa o la que está formulada en modo de negación. Tenemos dificultades para analizar algo formulado en negación lingüística o lógica. Si nos damos tiempo para pensar, podremos analizar mejor la información que tenemos a nuestro alrededor.

Vamos a por la primera de las técnicas que te propongo para mejorar la calidad de tu pensamiento: el *slow thinking*. Pensar lentamente, dedicando el tiempo que se merece, sabiendo que todo requiere un proceso, eso es pensar bonito.

En este caso puedo tomar como ejemplo un ordenador o cualquier elemento tecnológico. Hay una lucha entre los diferentes fabricantes del sector tecnológico para que sus aparatos, procesadores, cámaras de fotos, teléfonos u ordenadores sean más rápidos. En la actualidad, cualquier teléfono, chip, ordenador o cámara tiene una eficiencia y una velocidad inimaginables hace unos años. Nuestros dispositivos actuales muestran dominio, validez y fiabilidad y, sin embargo, la velocidad sigue siendo un valor en sí mismo que los equipos de ingenieros especialmente formados se dedican a aumentar en cada nueva versión.

A pesar de ese interés en la velocidad, nuestro cerebro funciona de una manera bastante diferente a la hora de procesar información. Vamos a ponerle nombre a nuestros procesos de pensamiento. Básicamente tenemos dos procesos, uno rápido al que llamamos «proceso heurístico» y uno lento al que llamaremos «proceso algorítmico».

El proceso heurístico es más rápido, pero su fiabilidad baja conforme gana en rapidez. Sí, cuando imprimimos velocidad a nuestro proceso de pensamiento, empezamos a cometer errores. Por ejemplo, cuando miras en el bolso buscando la cartera y no la encuentras puedes reaccionar de manera heurística pensando que la has perdido, que te la has dejado o que te la han robado sin siquiera acabar de comprobar si realmente está en el bolso o no, lo que podrías verificar vaciando su contenido sobre una mesa.

El proceso algorítmico es mucho más lento, pero también mucho más fiable y válido. No obstante, tiene dos problemas importantes: consume mucha energía y no puede gestionar informaciones demasiado complejas. Si retomamos el ejemplo de la cartera que no aparece en el bolso, al realizar un proceso de pensamiento algorítmico procederíamos, en primer lugar, a vaciar todo lo que tenemos en el bolso de manera sistemática sin dejarnos ningún bolsillo por mirar antes de llegar a ninguna conclusión. De no aparecer la cartera pasaríamos a repasar todos y cada uno de los lugares en la que la hemos sacado del bolso hasta dar con ella o concluir que está perdida.

En conclusión, tenemos dos grandes estrategias de pensamiento. Las heurísticas son estrategias, asociaciones o recursos que nos dan una solución rápida pero poco eficaz, mientras que el algoritmo nos da una buena solución pero a cambio de un coste de energía muy elevado.

Los algoritmos son estrategias mucho más exhaustivas, pero requieren que compruebes todas y cada una de las opciones posibles y todos y cada uno de los factores implicados, y eso necesita mucho tiempo y mucha energía, mientras que los heurísticos tiran de atajos, de suposiciones y de deducciones, con el elevado margen de error que ello supone.

¿Por qué te he explicado todo esto? Pues para mostrarte que existe una relación entre la velocidad y el riesgo de error: a más velocidad, más riesgo de error. No cabe duda. ¿Ahora entiendes la importancia de pensar despacio? Necesitamos tomarnos un tiempo para pensar. Sí, para conducir o para leer no hace falta que dediquemos ni ese tiempo ni esa energía, pero ante determinadas situaciones, determinados problemas o ciertos desarrollos necesitamos dedicar tiempo, todo el tiempo que podamos. No lo olvides, pues redundará en su calidad.

Apunte disruptivo

Cuando estamos conduciendo y, de repente, la carretera se estrecha, o hay unas piedras que esquivar, o tenemos que circular con un coche que no es el nuestro, nuestro proceso automatizado se pone en manos de nuestra consciencia. De nuevo nos sentimos algo incompetentes e inseguros y conducimos con más atención, tensión, consciencia y gasto energético.

¿Podemos pensar más rápido? Sí, pero esa velocidad tiene un límite: el punto en el que ya estamos perdiendo fiabilidad. Como has podido ver, el tema no va como con los ordenadores.

¿Me aceptas un consejo? Ya puedes irte acostumbrando a pensar despacio y a destinar el tiempo que necesites a pensar. Te voy a contar algunas aplicaciones y ventajas del *slow thinking* o el arte de pensar despacio, cocinando a fuego lento, como la escudella de Sant Antoni.

Solución de problemas

El *slow thinking* está especialmente indicado en la solución de problemas. Solucionamos problemas cuando tenemos que llegar a fin de mes con un presupuesto ajustado, pero también cuando nos piden un proyecto creativo, que sea diferente, en el trabajo; cuando tenemos que estar en dos sitios a la vez; o cuando tenemos que gestionar una demanda de nuestra pareja, hijos o madre.

En todo proceso de solución de problemas se da una primera fase: entender el problema o la demanda. Este es uno de los momentos donde tenemos que ser más *slow*. Cuando nos enfrentamos a lo desconocido o a algo poco estructurado, solemos precipitarnos, creyendo que ya sabemos lo que tenemos que hacer. A menudo solemos completar la información que falta con proyecciones o estimaciones, o incluso inventándonos lo que falta o transformando lo que tenemos delante.

Apunte disruptivo

El análisis es un esfuerzo activo por conseguir datos, mejorar nuestro conocimiento y producir más información. Cuando analizamos, estamos dividiendo lo complejo en partes más pequeñas para poder conocerlo mejor e identificar las relaciones entre sus partes.

Te hago una apreciación: no trabajamos con la realidad sino con la imagen que nos hemos formado de la realidad. Por eso es tan importante que dediquemos todo el tiempo que haga falta a formarnos una buena imagen, válida, fiable y fidedigna, de esa realidad de la que nos vamos a distanciar.

Una vez entendido el problema, necesitamos asimilar lo que nos están pidiendo o lo que tenemos que hacer para solucionarlo. El proceso de asimilación también lleva su tiempo. Por asimilación entendemos la capacidad de entender y comprender, vastamente, aquello que estamos observando o analizando. Podemos mirar por encima o al detalle, podemos analizar algunos rasgos o en profundidad, podemos limitarnos a observar o, por el contrario, estudiar el problema en profundidad, y, obviamente, estudiar algo en profundidad y al detalle requiere tiempo.

Una de las cosas que más me gusta hacer cuando llego a la cumbre de una montaña es sentarme y analizar e interpretar el entorno. Suelo hacerlo por capas. En un primer vistazo ves poca cosa más que piedras, nieve, collados, picos y senderos. Pero si sigo mirando atentamente, de repente empiezo a observar detalles que me habían pasado desapercibidos. Una construcción de piedra, un río, un grupo de árboles diferentes del resto, un rebeco, una antena o un pequeño valle hacen acto de presencia con el tiempo. Siempre han estado allí, pero he necesitado acomodar mi vista para poder descubrirlos. Con el paso de los minutos descubro senderos, soy capaz de poner nombre a los picos que veo, reconozco paisajes familiares y veo rutas alternativas para llegar a mi destino. En ese momento, justo en ese mismo momento es cuando he asimilado la información que están percibiendo mis sentidos, la he conectado con la información que tengo guardada en mi memoria y he podido crear relaciones, establecer deducciones e inducir nuevos datos.

Sí, necesitamos de un tiempo para acomodar nuestros sentidos a lo que estamos percibiendo, para madurar la información que estamos recibiendo, para darle un significado y para integrarla en nuestro universo.

Pero sigamos con la solución de problemas. Una vez analizado un problema, necesitamos valorar diferentes soluciones u opciones de acción para solucionarlo. Ahí es cuando entra de nuevo en acción el *slow thinking*.

Cuando analizamos un problema, así a primera vista tan solo vemos opciones evidentes. Pero ¿qué pasa con aquellas opciones no tan evidentes? ¿Qué pasa con aquellas opciones que quedan más camufladas o escondidas? ¿Y con aquellas opciones que requieren cierta asimilación o elaboración?

Pues que piden tiempo. Si de algo me ha servido el *slow thinking,* es para hacer cosas diferentes al resto de psicólogos, para plantear soluciones diferentes a problemas habituales o para dar un enfoque distinto a mis libros. No lo dudes, el tiempo te dará la perspectiva que necesitas para desbloquear ese problema o esa situación que estás sufriendo. Si quieres vivir bonito, debes pensar bonito, y si quieres pensar bonito, debes tomarte tu tiempo. ¡Y precisamente por eso mis sesiones nunca duran menos de dos horas!

Hoy mi hija me ha estado enseñando un proyecto de *lettering* en el que está trabajando. Le está quedando precioso. He compartido una reflexión con ella que deseo compartir también contigo: la diferencia entre algo ordinario y algo extraordinario es el tiempo que le dedicas, ya que gracias a ese tiempo podrás llegar a un nivel de detalle mucho mayor y podrás elaborar mucho mejor la información.

A mí se me conoce por mis ratos mirando al techo de mi despacho, o con la cabeza hundida entre mis manos mientras mis codos reposan en las rodillas, o tumbado en un prado con la mirada perdida en el horizonte o en las nubes. Son momentos, todos ellos, en los que estoy practicando el *slow thinking.* Nunca he considerado que estuviera perdiendo el tiempo, ni mucho menos. ¡Al revés! ¡Lo estoy aprovechando sobremanera!

Mira, mañana mismo me voy a ir a pensar en un proyecto y a preparar una presentación a la montaña. Mañana será 5 de febrero de 2021 y estaré haciendo esquí de montaña en la magnífica estación de esquí de Pal, paseando, esquiando y pensando en sus bosques. Tengo un par de sitios discretos, alejados del tránsito de esquiadores, con unas vistas espectaculares, resguardados del viento y orientados al sur, dos lugares mágicos en los que me sentaré, sacaré mi libreta o mi tableta y me podré a plasmar lo que haya estado pensando. Por cierto, a veces hago *slow thinking* de manera estática, pero a menudo lo hago mientras ando o hago esquí de montaña. Difícilmente cuando corro, nado o voy en bicicleta, ya que en estos deportes debo mantener un nivel de atención muy elevado que me dificulta poner en práctica el *slow thinking*.

Maduración

Hay otro concepto que me interesa mucho comentar llegado este punto: el concepto de maduración. Puedes comerte una ciruela verde, sin duda; estará más o menos buena, pero si tienes la paciencia necesaria para esperar a que esté madura, seguro que estará mucho más rica.

Lo mismo pasa con nuestros procesos de pensamiento. De repente tenemos pensamientos y resultados que no están mal, pero si somos capaces de darles tiempo, podremos darles la oportunidad de madurar y serán mucho mejores. Sé que cuando me pongo a escribir un libro, tengo que seguir, a pesar de no estar satisfecho con las primeras páginas. A medida que voy escribiendo va madurando el contenido del libro y va ganando en calidad. En cualquier caso, ese libro ha ganado calidad y ha madurado gracias a que en algún momento estuvo verde. Una vez madurado, suelo revisar mis primeras notas y acabo modificando algunas de ellas. Este fenómeno de maduración me ocurre con todo. Cuando estoy preparando un programa de televisión, suelo redactar un guion y lo dejo madurar. Durante unos días voy pensando en él, desde diferentes perspectivas, y al final acaba madurando y apareciendo algo mejor. Pero, de nuevo, sin ese paso previo no hubiera podido tener ese resultado final.

Que necesite mi tiempo para poder dar forma a mis libros, ideas o cursos no quiere decir que no pueda pensar bien bajo presión, pero, sin duda, pienso mejor cuando puedo madurar aquello en lo que estoy trabajando. Los logros extraordinarios requieren un proceso de maduración. Si has comido una fruta, la que sea, en su punto justo, sabes a qué me refiero.

Desmontando las trampas de tu mente
Por probar no pasa nada

Este es uno de los sesgos más recurrentes en situaciones en las que nos debatimos entre lo que queremos hacer y lo que creemos que podemos hacer. Esa prueba es la excusa perfecta para dar el paso hacia lo prohibido y lo desconocido. No hace falta probarlo todo; lo tienes claro cuando hablamos de cianuro, ¿verdad? Entonces ¿por qué nos olvidamos de esta máxima ante una incipiente infidelidad, robo o acto poco ético?

Comprender en profundidad un concepto, desarrollar de manera excelsa un trabajo o crear algo extraordinario requiere tiempo, *slow thinking*. Uno puede desarrollar, de manera bastante rápida, lo evidente, pero el detalle, lo extraordinario y lo original aparece con el tiempo que permite que completemos el proceso de maduración; ahí está la diferencia. Ni multitareas ni nada: el *slow thinking* será tu mejor aliado para hacer algo extraordinario, fuera de lo normal, asombroso, excelente.

Hace unos días atendí la demanda de una persona para que la ayudara. Estaba frustrada porque no tenía éxito en su objetivo profesional. Esta persona era autónoma y se dedicaba a una tarea creativa y artística. Para tratar de conocerla mejor, entender cómo se organizaba y saber cómo estructuraba el tiempo, le pedí un horario de trabajo. Mi sorpresa fue que no dedicaba más de cuatro horas al día a trabajar, cuatro horas en las que combinaba tareas de gestión como el correo o las facturas con la parte más creativa o artística. Lógicamente, no tenía resultados, no destinaba suficiente tiempo ni a la maduración ni al *slow thinking,* porque pensar bien también requiere una cierta cantidad de tiempo.

Yo, el día que menos hago, suelo dedicar unas diez o doce horas al trabajo. No todas estoy sentado en la silla de mi despacho. A veces esquío tan concentrado que ni veo a personas a las que conozco cuando me cruzo con ellas. A veces trabajo o maduro ideas, desarrollo conceptos o soluciono problemas andando; a veces con los pies en remojo en un lago a dos mil metros de altura; a veces en el coche mientras mi hija hace sus extraescolares; a veces sentado en la cocina mientas la sopa hace chup-chup, y a veces hablando con Núria y dejándome inspirar por su generosa perspectiva.

Los grandes logros, los buenos trabajos requieren tiempo y *slow thinking*. La buena cocina no entiende de prisas. Las buenas ideas, los buenos libros, las buenas soluciones y los buenos proyectos tampoco.

Apunte disruptivo

***Algunos beneficios del* slow thinking**

- Minimiza el riesgo de error.
- Enriquece y da más valor y fiabilidad a tu proyecto o conclusiones.
- Permite descubrir detalles relevantes.
- Ayuda a llegar a donde el común de la gente no llega.
- Descubre nuevas alternativas.
- Permite conectar mejor con el problema.
- Proporciona más de una solución.

Once pasos para pensar *slow*

Quiero compartir contigo los once pasos que te van a ayudar a pensar *slow*. Son los mismos once pasos que aplico yo en todos mis proyectos, sin excepción.

Asume que todo es un proceso

Este es el punto de partida. En mi libro *Wabi sabi: aprender a aceptar la imperfección,* dedico una de las máximas *wabi sabi* a recordar que todo en esta vida es un proceso y requiere un tiempo. De la misma manera que no podemos recoger un tomate antes de haberlo plantado, regado o cuidado, no podemos tener una gran idea sin antes haberla madurado. La maduración necesita tiempo, así como un proceso. Empieza a trabajar en tu idea, en tu propuesta o en tu proyecto y date el tiempo que necesitas para que vaya madurando.

Todo requiere su tiempo

Todo es un proceso y todo proceso requiere un tiempo. El tiempo es un factor que olvidamos a menudo, pero que hay que tener en cuenta en todo lo que hacemos. No hay nada que podamos hacer que no necesite tiempo. El tiempo no es elástico, no podemos estirarlo, ni encogerlo, tan solo tenerlo en cuenta, planificarlo y gestionarlo. ¿Te imaginas que pudiéramos estirar el tiempo? Pues no. Todo requiere tiempo, y si se lo dedicamos de golpe, pues tardaremos menos, pero si se lo dedicamos de manera intermitente, necesitaremos más. Escribir un libro, por ejemplo, necesita una inversión de mil horas. Si se las dedico a razón de diez horas al día, tardaré cien días; si dedico cinco horas al día, necesitaré doscientos días. La regla es clara.

Una cosa más: es posible que no puedas disponer de todas las horas que deseas de una tirada. En ese caso, necesitas planificar muy bien ese trabajo en diferido y gestionar la ansiedad que provoca el hecho de no poder dedicar todo el tiempo que querrías a ese proyecto.

Y recuerda que si no estás productivo, a veces es mejor que desconectes y cambies de tarea durante un rato.

Trabaja por capas, como cuando pintamos una pared

Me encanta trabajar por capas, como cuando pinto una pared. Bueno, pintar paredes no me gusta en absoluto, pero cuando lo he tenido que hacer, lo he hecho por capas.

Cuando escribo un libro, también voy por capas: primero pienso en la idea, luego esbozo el esquema, luego meto contenidos, luego pulo los contenidos, luego complemento y finalmente enriquezco. No podría empezar a enriquecer sin haber dado primero el resto de capas. No suelo tener un capítulo cerrado perfectamente y luego voy a otro capítulo, sino que voy con todo el libro de golpe, pero en capas. Ah, y a menudo de manera desordenada, tal como me llega la inspiración.

Estudia bien el problema

Sea un problema, un objeto, una decisión o una situación, dedico la mayor parte del tiempo al estudio. Cuentan que le preguntaron a Einstein qué haría si le dijeran que, en una hora, un meteorito impactaría contra la Tierra. Einstein dijo que dedicaría cincuenta y cinco minutos a estudiar el problema y cinco a ejecutarlo. Pues ya sabes, no te precipites y estudia bien.

Hace unos días, mi hija me explicaba que una compañera de clase no había entendido un problema del examen de mates y había hecho un proceso impecable, pero no había dado con la solución. El estudio te va a permitir captar todos los matices al igual que te va a permitir discriminar los datos importantes de los irrelevantes. No empieces a andar si no sabes hacia dónde vas.

Huye de la presión interna por tenerlo hecho o solucionado

A menudo, nuestro peor enemigo al tratar de realizar una tarea o de solucionar un problema son las prisas que nosotros solitos nos metemos. Con frecuencia nos ponemos en formato agonía y queremos quitarnos de encima la tarea o el problema lo más rápido posible. Paciencia, my friend. Be *slow thinking.* Tómate una tila, medita o haz lo que quieras, pero no te angusties.

Bueno, si quieres saber cuál es mi secreto para no estresarme, estaré encantado de compartirlo contigo: una planificación en la que asigno un tiempo para cada cosa y una fecha límite. Si estoy en fecha, le doy el tiempo que necesita, sin prisas, sin agobios, sin agonías.

Gestiona la presión externa

A menudo, la gente que tenemos cerca nos presiona para tener resultados más rápido de lo deseado. Ahí es donde entra en juego la estrategia de las capas. Si se ponen nerviosos, puedes enviarles una de las capas que esté bastante bien, incluso mejor que aceptable, y decirles que estás enriqueciendo el producto final. Normalmente suelen ser pacientes y esperan a que les llegue ese resultado. Pero también hay quien no tiene esa paciencia; en ese caso, no pasa nada, pues ya tienen algo bastante bueno entre sus manos.

Planifícate teniendo en cuenta el factor tiempo

Uno de los sesgos más habituales que tenemos los humanos es el de subestimar el tiempo que necesitamos para hacer algo. «En un minuto lo hago», «dame cinco minutos y lo acabo», «solo será un momento»... ¿Te resulta familiar? Pues esos cinco minutos acaban siendo dos horas.

Planifica bien, dedica un tiempo a cada cosa y asigna un orden de ejecución y unas fechas límite. Yo trabajo además con otro concepto, el de fecha recomendable. Unos días antes de la fecha límite ya tengo acabada la entrega o el libro, de tal manera que sé que lo podría entregar, pero también sé que tengo unos días para enriquecerlo y pulirlo.

Dedica amplios espacios de tiempo para poder pensar bien

Necesitamos un calentamiento para nuestra mente. Así como los coches de Fórmula Uno o los corredores de un maratón necesitan calentar, nuestra mente también necesita calentar. Tenemos que sintonizar nuestro lado creativo y más productivo, familiarizarnos con lo que tenemos entre manos y entrar en el proceso, y ese proceso necesita su tiempo.

Tú empieza, que de repente, chas, ya estarás súper productivo, a tope. Reserva espacios amplios de tiempo para las tareas; ah, y sin teléfonos ni pantallas. Yo tengo prácticamente siempre el teléfono en silencio. Cuando escribo, cuando contesto correos, cuando imparto una formación, cuando estoy en una sesión, cuando estoy en familia, cuando estoy descansando o cuando estoy en la montaña, mi teléfono siempre me acompaña, pero siempre en silencio, sin molestar. Suelo mirar el teléfono en algunos momentos, dos o tres veces al día, no más. Tan solo tengo activos los avisos de algunos números preferidos. El resto lo consulto tan buen punto lo tenga planificado. Un mensaje puede romperte por completo ese proceso creativo o ese nivel de concentración que tanto te ha costado conseguir.

Presta especial atención a no precipitarte

Ten especial cuidado de no precipitarte en tus conclusiones. A veces creemos que lo tenemos, y ciertamente tenemos una versión bastante buena o una solución muy acertada. Pero si eres capaz de darle una vuelta más, adoptar una nueva perspectiva o verlo desde un nuevo punto de vista, te darás cuenta de que conseguirás darle una capa más, precisamente esa capa que marcará la diferencia y le dará ese valor extra que tanto buscas.

Oblígate a valorar otras opciones

Yo siempre me obligo a valorar más opciones. Lo explicaré en detalle más adelante, en el capítulo 6, donde hablo del ysiísmo. Es muy fácil, tan solo me formulo la siguiente pregunta: ¿Y si se puede hacer de otra manera? ¿Y si hay otra solución? ¿Y si hay otra alternativa? Tan sencillo como útil.

Siempre intento encontrar algo más, una opción nueva, algo diferente, algo creativo, algo alternativo… Se trata de expandir, de buscar nuevas vías, de crear y de romper los límites. La primera alternativa que se te ocurre no tiene por qué ser la mejor, por lo que te animo a que siempre busques alguna alternativa más. Investiga en todas direcciones, no solo en las evidentes o en las cómodas, sabiendo que siempre es mejor ser flexible, sin quedarte encallado en lo concreto, siendo capaz de ir más allá de lo evidente para poder ganar en polivalencia.

Mira y estudia el objeto como si fueras un niño

Esta es mi máxima preferida. Me encanta jugar con los niños, y quizás sea porque a menudo adopto una actitud infantil, es decir, me comporto como un niño, con una perspectiva ingenua. Es un recurso de mucha utilidad. Normalmente no vemos la realidad, sino el esquema que en algún momento nos hemos formado de la realidad.

Te propongo algo que yo mismo hago muy a menudo: mirar como si nunca lo hubiera visto, estudiarlo como si fuera la primera vez que descubro algo, sin dar nada por sentado, sin sacar relaciones causales, sin completar lo que estoy viendo con mi experiencia. Trata de imaginártelo. Estamos acostumbrados a darle al botón del contacto del coche y empezar a conducir, pero ahora trata de mirar tu coche como si nunca hubieras visto un vehículo. Haz el experimento. Pregúntate por qué funciona, qué mecanismo utiliza para guiar las ruedas... Haz lo mismo con el interruptor de la luz, con el fogón de la cocina o con el grifo del agua. Verás lo estimulante que es y lo lejos que puedes llegar en tus conclusiones.

Te animo a que pongas en práctica estas once máximas. Al igual que ocurre cuando aprendemos a conducir, llegará un momento en que las tendrás integradas y las desarrollarás y aplicarás de manera automática, sin esfuerzo y sin ser consciente.

Cada día doy las gracias por ser capaz de pensar despacio. No te creas que ha venido solo. Tengo que reservar espacios. A veces tengo que darme cuenta de que no lo estoy practicando y reaccionar en consonancia. Eso sí, es una máxima en mi vida: tener tiempo para pensar. Pensar me ha dado la libertad. Pensar bonito me ha dado una vida bonita.

No lo olvides...

- Tenemos dos tipos de procesos de pensamiento. Uno es rápido, inconsciente y automático, y el otro es bastante más lento, consciente y controlado.
- El pensamiento consciente nos reclama muchos más recursos y, por lo tanto, nos cuesta más y nos cansa más.

- Nuestro pensamiento depende del contexto y se ve influido por él.
- Nuestro análisis no es puro, sino que está influido por numerosos factores.
- Una cosa es tener información y otra muy distinta es procesarla adecuadamente.
- Puedes aprender diferentes estrategias y recursos para procesar mejor la información.
- Pensar bonito requiere tiempo.
- El procesamiento de pensamiento heurístico es más rápido pero menos fiable.
- El procesamiento de pensamiento algorítmico es más lento pero más fiable.
- No trabajamos con la realidad, sino con la imagen que nos hemos formado de la realidad.
- Las once claves para potenciar el *slow thinking:*

1. Asume que todo es un proceso.
2. Todo requiere su tiempo.
3. Trabaja por capas.
4. Estudia bien el problema.
5. Huye de la presión interna por tenerlo hecho o solucionado.
6. Gestiona la presión externa.
7. Planifícate teniendo en cuenta el factor tiempo.
8. Dedica amplios espacios de tiempo para poder pensar bien.
9. Presta especial atención a no precipitarte.
10. Oblígate a valorar otras opciones.
11. Mira y estudia el objeto como si fueras un niño.

CAPÍTULO 2

PIENSAS SUPERFICIALMENTE

El segundo de los errores que no nos permite pensar bonito es que pensamos de manera muy superficial. Sí, además de pensar rápido, lo hacemos de forma superficial, a la ligera y sin analizar en profundidad aquello sobre lo que estamos pensando.

¿Cuándo pensamos superficialmente? Pues casi siempre. Para empezar, cuando estás haciendo dos cosas a la vez. Acabo de impartir un ciclo de charlas sobre el uso y abuso de las pantallas en un colegio. Los alumnos se quejaban repetidamente de que tenían muchos deberes y los maestros se quejaban repetidamente de la mala calidad de los deberes. ¿Cuál era el problema? Pues el mismo en ambos casos: hacer los deberes con el teléfono móvil al lado.

Una tarea de veinte minutos puede triplicar fácilmente su duración si nos vamos distrayendo a cada momento con el teléfono o si estamos mirando una serie. Por otro lado, la calidad de nuestra tarea es pésima si no nos concentramos en realizarla.

Desmontando las trampas de tu mente

Me lo merezco

Cada vez que pensamos que merecemos algo suele pasar que no tenemos argumentos racionales para justificar una decisión. Al final me como ese bollo, me compro ese reloj o me cambio el coche porque me lo merezco.

El problema es que creemos que controlamos, que lo estamos haciendo bien y que nuestro rendimiento no se ve afectado por esa multitarea, pero estamos terriblemente equivocados. Cuando hacemos varias cosas a la vez, no podemos dedicarle el tiempo y la atención que necesita cada tarea y eso provoca que no pensemos bonito, que alarguemos las tareas, que sean de peor calidad y que tengan más errores.

Apunte disruptivo

En 2011, Daniel Kahneman, un psicólogo nacido en Tel Aviv pero que desarrolló sus investigaciones en Estados Unidos, describió la ilusión de validez, según la cual se observa un exceso de confianza en nuestras predicciones a partir de una única experiencia. Por eso creemos que no podemos confiar en nuestros amigos después de nuestro primer gran desengaño, de nuevo una consecuencia del pensamiento superficial.

Pero, otras veces, el problema no es que estemos haciendo varias cosas a la vez, sino que tenemos prisa por acabar. A veces tenemos hambre, sueño, una cita pendiente o simplemente ganas de terminar, y acabamos haciendo una tarea o analizando un problema de manera demasiado superficial. De nuevo la prisa es mala consejera, ya que provoca que pensemos de manera superficial, sin atender a los detalles, sin llegar a lo más importante, quedándonos en lo aparente o en lo más relevante, cuando en realidad lo que necesitamos es valorar en profundidad lo que tenemos delante para ir un paso más allá, comprender en profundidad el reto que tenemos que afrontar y acabar la tarea con unos resultados extraordinarios.

Apunte disruptivo

Solo hay un secreto para hacer cosas extraordinarias: dedicarles atención plena y poner en práctica el *deep thinking*. ¿No sabes qué es el *deep thinking*? Dame unos párrafos y te lo explico en un rato.

Como ya has podido ver, pensar de manera consciente requiere mucho esfuerzo y consume mucha más energía que pensar en modo automático. Por eso tu mente te engaña una y otra vez, haciéndote creer que aquello en lo que estás trabajando ya está bien así, que no hace falta que le des otra vuelta y que ya puedes dejarlo tal cual está. Tu mente es comodona. Bueno, la verdad es que trabaja mucho, pero no quiere trabajar más de lo necesario y por eso te aconseja que lo dejes así, más o menos bien.

Tu mente quiere que termines rápido con lo que sea que tengas entre manos para volver a relajarse, a dejar de consumir tantos recursos y a regresar a su plácida calma, y para conseguirlo tiene un estándar de calidad que suele ser muy bajo. Recuerda que tu cerebro te quiere con vida, así que si estás distraído con una tarea, si le estás dando demasiadas vueltas a un tema o si estás muy metido en una cuestión, no podrás estar atento a tu entorno para evitar mil y un peligros que pueden aparecer en cualquier momento.

A veces corremos mucho para no llegar a ninguna parte, y precisamente por eso nos olvidamos de disfrutar del camino y el resultado es mucho peor. En nuestro primer gran viaje familiar en formato road trip teníamos previsto llegar al Cabo Norte. Nos dimos un mes para ir y volver. Al final dedicamos un mes y medio y no pasamos de Bergen, bastante al sur de Noruega. Que si ahora vamos a ver el monte Saint-Michel, que si ahora una puesta de sol en el Atlántico, que si unos molinos en Holanda, que si una visita al parque Legoland en Dinamarca, que si no nos vamos a ir de Copenhague sin visitar el Tívoli, y así, de tanto enriquecer el viaje, se nos fue el tiempo. Fue un viaje inolvidable, sin duda.

¿QUÉ PASA CUANDO PENSAMOS DE MANERA SUPERFICIAL?

Cuando pensamos de manera superficial, pasan muchas cosas. Para empezar, por ejemplo, nos convencemos de que lo que hemos decidido es lo correcto, y así no tenemos que cambiar de opinión y admitir que nos hemos equivocado pensando deprisa. De hecho, ese es uno de los mayores males de nuestra mente, ya que no nos permite mejorar.

Apunte disruptivo

Buscamos la coherencia y tenemos exceso de confianza. Es decir, cuando hacemos juicios predictivos, confiamos más en ellos si son coherentes con la evidencia presente y disponible. Por eso predecimos que no tendremos dolor de barriga cuando nos comamos el cruasán o que tenemos que comprar ese producto que aparece en un video demostrando su evidente eficacia. Fíjate cómo hacemos una predicción en función de lo que nos interesa, no de la realidad.

Pongamos un ejemplo. Imagina que estás a dieta porque tienes problemas digestivos, pero decides saltarte la dieta y merendarte un cruasán de chocolate con un café con leche. Estoy seguro de que has tomado esa decisión pensando superficialmente. Si lo piensas en profundidad, verás que no necesitas ese cruasán y que tal cual te llegue al estómago, te encontrarás mal. Si lo piensas bien, si le das dos vueltas y el tiempo que se merece, acabarás dándote cuenta de que no merece la pena que te comas ese cruasán, ya que por un rato de placer en tu paladar estás pagando un peaje muy alto en lo referente a tu salud.

Cuando pensamos de manera superficial, le damos más valor a cinco minutos de placer en nuestro paladar que a las consecuencias en cuanto a salud e incremento de peso, y nos comemos ese cruasán. Punto. Cuando empieza el dolor de tripa, tenemos la opción de pensar profundamente y analizar lo ocurrido, pero no, volvemos a pensar superficialmente y justificamos nuestra decisión. «Es que tenía mucha hambre», «solo me he comido uno», «tampoco me duele tanto», «mañana lo quemo en el gimnasio» y una larga lista de excusas que pretendemos colar como razonamientos.

Apunte disruptivo

En la década de los ochenta, Evans, Barston y Pollard, un consolidado equipo de investigación focalizado en la psicología del pensamiento, demostraron que desestimamos las hipótesis que nos conducen a una conclusión disonante con los resultados esperados. Pensar que comerte el cruasán te dará dolor de barriga es disonante con tu deseo, por lo que desestimarás esa opción y valorarás otras como, por ejemplo, que hace tiempo que no te pasa, que no será para tanto o que ese dolor tampoco es tan molesto.

Otra de las cosas que hacemos es falsificar nuestra percepción. La memoria es un proceso psicológico básico y tremendamente importante. Nuestra memoria busca una asociación y da significado a cada cosa que perciben nuestros órganos sensoriales. Podríamos decir que el uno por ciento de lo que piensas nace de la percepción y el noventa y nueve por ciento, de la memoria, que realiza una proyección a partir de lo percibido. Y ¿por qué te cuento esto? Pues porque somos capaces de falsificar nuestra percepción e ignorar la realidad para proyectar lo que queremos proyectar. De nuevo, cuanto más superficial sea nuestro pensamiento, más fácil será proyectar y, por lo tanto, estaremos perdiendo más fiabilidad.

Apunte disruptivo

Cuando repetimos visitas a lugares conocidos, nos resultan más tranquilas, ya que nuestro cerebro puede pasar al modo automático y así es más superficial y puede ahorrar más energía.

Otro de los temas con los que solemos equivocarnos es que somos muy superficiales cuando analizamos a las personas. Nos gustan aquellas que se parecen a nosotros o que reaccionan como nosotros. Fíjate qué superficial de nuevo. Nos fijamos en algún atributo, y el resto lo ignoramos o lo hacemos encajar como podemos.

Otro ejemplo de pensamiento superficial ocurre cada vez que vamos a pagar con una tarjeta de crédito. Es muy simbólico, pero a la vez muy real. Cuando vas a pagar una compra, tienes dos opciones: pagar con dinero o con tarjeta de crédito. El dinero lo das y lo pierdes, mientras que la tarjeta te la devuelven y te sientes tranquilo. De nuevo, si realizáramos un análisis profundo de lo que estamos haciendo, posiblemente no nos costaría tanto llegar a fin de mes.

Apunte disruptivo

Tendemos a elegir parejas similares a nosotros. Nos gustan las personas a las que percibimos parecidas a nosotros, tanto a nivel físico como de personalidad; pero que lo percibamos no quiere decir que lo sean.
Cuanto más reflejados nos vemos en una persona, más nos gusta. Cuando hablamos con alguien que nos gusta, llegamos a sincronizar el ritmo de la respiración. ¿No te parece trágico? Somos tremendamente superficiales a la hora de tomar una decisión tan trascendental como con quién compartir nuestra vida y desnudar nuestro corazón.

También somos muy superficiales en todo lo referente a la imagen y la autoestima. Creemos que con un determinado reloj, bolso o coche mejorará nuestra autoestima, tendremos la admiración de nuestros iguales, y con ese frugal y superficial análisis nos lanzamos a la compra de productos que no necesitamos, creyendo que sí los necesitamos y que nos cambiarán la vida.

No funcionamos con la realidad sino con su representación. Hacemos falsas suposiciones y nos las creemos. Además, tengo una mala noticia: esas falsas suposiciones se forman muy rápido, sin tener claro a qué estamos atendiendo y qué estamos ignorando, filtrando una serie de estímulos de nuestro entorno en función de aspectos tan aleatorios como si, por ejemplo, destaca sobre el resto, es el primero en llegar o el último en ser percibido.

Apunte disruptivo

Cuando pensamos de manera superficial, dejamos muchos huecos en lo que percibimos, así que nuestro cerebro los rellena con lo que puede. El pensamiento superficial suele ser parcial y fuera de contexto. Te pongo un ejemplo: piensa en algún correo que te haya llegado que sea crítico contigo. Estoy seguro de que lo leíste rápido y notaste cómo te subía la presión, la cabeza se te ofuscaba y te ibas alterando, enfadando y poniendo nervioso. Posiblemente contestaste algo fuera de contexto. Al releer ese correo con calma y perspectiva, de manera no superficial, estoy convencido de que viste algunos matices que se te pasaron por alto.

DEEP THINKING, UNA SOLUCIÓN AL PENSAMIENTO SUPERFICIAL

El *deep thinking* es mi propuesta para que puedas pensar bonito y poner límites a ese pensamiento frugal y superficial que tantos problemas nos acarrea. El *deep thinking* es un pensar consciente, profundo y analítico. Es un pensamiento que está centrado, en el que decides enfocar tu atención y mantenerla para llegar al detalle de un área concreta.

Te voy a proponer algunas pautas o trucos para conseguirlo, para que puedas pensar bonito y tener una vida bonita.

Descansa lo suficiente para poder estar preparado

Son las diez y once minutos de la noche. Acabo de escribir este párrafo y me voy a dormir. Estoy inspirado, muy inspirado. En casa ya duermen Ali y Núria. El silencio es total, solo roto por la respiración de *Jean Luc*, mi boyero de 60 kilos. Está durmiendo a mi lado, tranquilo y relajado.

Estoy súper inspirado y podría seguir escribiendo un par de horas más, pero mañana tengo un día exigente. A las ocho y media de la mañana tengo una primera sesión de esquí de montaña con una clienta. A la una tengo una segunda sesión paseando con otra persona, hasta las tres. A las cinco recojo a mi hija del colegio y la acompaño a las extraescolares. Mañana es viernes, el día de la merienda especial. Tengo que estar bien. Mientras está de extraescolares, aprovecharé para escribir un artículo para una escuela de padres y jóvenes en la que estoy colaborando y cuando vuelva a casa, sobre las siete y media de la tarde, tengo una llamada con una persona de Estados Unidos.

¿Qué te parece? ¿Es un día intenso o no? Pues para poder estar en perfectas condiciones necesito descansar y por ese motivo he decidido, responsablemente, irme a dormir en cuanto termine este párrafo.

La clave para darlo todo, para conseguir llegar a un estado de *deep thinking* es saber descansar. A veces la vida no nos lo permite, a veces nos resulta complicado, pero te puedo asegurar que igual que planifico mis momentos de actividad, planifico mis momentos de descanso. Me lo puedo saltar, por un motivo que así lo requiera, pero descansar es tan importante como estar activo.

Sin embargo, estar sobredescansado no es bueno. Necesitamos la dosis justa, alternar de manera equilibrada momentos de intensidad elevada con momentos de intensidad moderada, así como con momentos de descanso. Equilibrio: como ocurre con casi todo, ahí reside la clave.

Desmontando las trampas de tu mente
El lunes empiezo

Posponer se nos da de maravilla. Posponemos todo lo que no nos apetece, lo que supone un esfuerzo o lo que no cuadra con nuestros deseos y expectativas. Con el recurrido «el lunes empiezo» me descargo de toda tensión y puedo seguir saltándome la dieta. El problema es que estamos a martes...

Pero hay una manera clara de combatir este sesgo: empezando ahora. Ahora es el momento. Nunca será un buen momento para aquello que no queremos hacer. En cambio, siempre hay tiempo para hacer aquello que realmente queremos hacer. Esa es la diferencia.

Una cosa más: solo tú tienes la responsabilidad de descansar, lo que a su vez forma parte de la responsabilidad de hacerlo bien.

Intenta respetar tus ritmos circadianos

Tengo que reconocer que de joven era una alondra. Siempre me he levantado temprano, pero de joven no solía estar en la cama mucho más allá de las cinco y media o las seis de la mañana. Mis entrenos matutinos eran los responsables de ese horario. A las seis ya estaba en la piscina desayunado y preparado para hacer diez series de cien metros a un minuto.

Cuando dejé de entrenar tan intensamente, seguí con ese ritmo de sueño; eso sí, a las nueve de la noche ya estaba para el arrastre. Pero de repente apareció Núria en mi vida y ella es un búho que empieza a activarse a partir de las diez de la noche.

Los primeros años fueron duros porque estaba muy a gusto con ella hasta las tantas, pero me despertaba a las cinco o cinco y media como siempre. Con el tiempo cambié un poco el horario y ya me despertaba algo más tarde (a eso de las seis o seis y media), pero eso sí, no me iba a dormir antes de las doce o la una. Finalmente, cambié el ritmo e incorporé una corta siesta a mediodía siempre que podía. Luego apareció Ali y, cómo no, salió como su madre, nocturna. Total, que es complicado que esté durmiendo antes de las doce y es complicado que esté durmiendo después de las seis. A pesar de ese cambio de ritmo, sigo teniendo mi momento más lúcido de madrugada, entre las seis y las ocho.

Al margen de la hora a la que me levante, en apenas unos minutos tengo mi mente a mil, creativa y resolutiva. En cambio, por la noche me cuesta más. Sí que hay alguna noche que resulta muy productiva, así que aprovecho para escribir, pero, en general, si me pongo a trabajar cuando se van a dormir las chicas, suele ser algo ligero, como contestar correos.

Esto que acabo de describir son los ritmos circadianos y mi adaptación a mis ritmos. Cuando estoy más productivo y con mejor concentración, hago tareas que requieren más atención. Cuando estoy menos productivo, hago tareas que requieren una menor concentración.

Si me programo algo que requiere mucha concentración por la noche, tardaré más en realizarlo y el resultado será de peor calidad. Lo tengo comprobado. Si veo que no estoy siendo productivo por la noche, prefiero irme a dormir o cambiar de tarea y posponer lo que me exige más atención para la mañana siguiente. Por la mañana, en mi momento álgido, puedo llegar un nivel de *deep thinking* sin problema; en cambio, por la noche me resulta imposible.

¿Y tú? ¿Eres búho nocturno o alondra mañanera?

> **Desmontando las trampas de tu mente**
> ***Fulanito también lo hace***
>
> Oh, me encanta esta trampa mental, esta excusa hecha arte. Parece que si otra persona también lo hace se abren todos los candados que nos frenan y nos condicionan. No hay nada mejor que otra persona lo haga como para sentirnos amparados y poder disculpar todo lo que haga falta.

Encuentra un lugar que invite a pensar

Necesitas tener un entorno que te invite a pensar con calma y atención plena. Te voy a contar un secreto. Yo soy capaz de escribir en una cafetería ruidosa sin inmutarme y a veces soy incapaz de escribir en el mejor de los lugares con un silencio absoluto. ¿De qué depende? Pues de mi estado de activación, de la tarea que tengo delante y de mi dispersión.

Soy un poco hiperactivo y es cierto que más a menudo de lo que quisiera me distraigo con una mosca. Trabajo con una tableta de pantalla pequeña, de apenas once o doce pulgadas (disculpa la inexactitud, pero no controlo este tema). También tengo un ordenador de sobremesa enorme con una súper pantalla panorámica, pero, ¿sabes qué?, pues que me pierdo... Sí, me cuesta horrores concentrarme y, al final, el ordenador se ha quedado para mi hija. La pantalla pequeña me va genial. El teclado está casi tocando la pantalla y me ayuda a focalizar toda la atención y así no me distraigo. Todo me queda dentro del campo visual y, como mucho, solo puedo tener dos pantallas abiertas a la vez. Genial, así no me disperso.

Mi despacho es oscuro. Está en la buhardilla de la casa y suelo trabajar a oscuras con un foco de sobremesa que me ilumina el teclado y la libreta que siempre tengo conmigo. Si tengo que abrir un libro para consultar cosas, tengo que apartar el teclado para que quede iluminado.

Tengo otro recurso para concentrarme al máximo: unos auriculares con cancelación de sonido ambiente. Son una auténtica maravilla. Un toque y me quedo en el silencio más absoluto —bueno, sin contar mis acúfenos. Otro toque y me conecto de nuevo al mundo. Es el mejor descubrimiento que he hecho en toda mi vida en cuanto a herramientas para ayudarme a concentrarme.

Necesitamos pensar. Y de la misma manera que nuestra habitación tiene que ayudarnos a descansar, nuestro entorno de trabajo tiene que ayudarnos a que pensemos mejor, a que pensemos de manera plena, a que podamos practicar el *deep thinking*.

Desmontando las trampas de tu mente
Con desearlo ya basta

Estamos ante uno de los errores de pensamiento más grandes de toda la humanidad, más tolerados y más generalizados. Mira, estoy deseando que mi hija me suba un vaso de agua de la cocina. Mira que es fácil... Pues nada oye, que no hay manera... Una vez escuché en una entrevista como un gurú estafador decía que si no tenía ese vaso de agua es porque no lo deseaba con todas mis fuerzas y que posiblemente me había quedado anclado en el deseo, es decir, que lo que deseaba era seguir deseando... Completamente estúpido, el gurú, bueno, quizás demasiado listo...

Algunos aspectos son más importantes de lo que creemos, como el silencio. A veces no nos damos cuenta del ruido que hay a nuestro alrededor, e incluso no valoramos el impacto que tiene en la calidad de nuestro trabajo.

También es importante la temperatura. Hace unos meses me diagnosticaron síndrome de Raynaud, un pequeño problema con la microcirculación que hace que se me queden las manos heladas. Pues cuando escribo en las montañas, en cuanto empiezo a tener frío en las manos, ya se me va la concentración al garete.

Piensa también en la ergonomía de la mesa y de la silla, en la posición de tu cuerpo, en si la mesa invita a trabajar en ella o si es un caos que te estresa.

Como he comentado al inicio del capítulo, cuando estás muy inspirado, no hay nada que te detenga. Pero si no es así, todo lo que te pueda ayudar será bienvenido y facilitará que llegues a un estadio de *deep thinking*.

Limita tus ladrones de atención

Aunque encuentres un lugar que te invite a pensar, no servirá de nada si no limitas tus distractores externos, básicamente el teléfono, el correo y las personas que tienes cerca. A veces no podemos hacer mucha cosa para controlar esas distracciones. Recuerdo un trabajo que tuve en el que compartía sala con unas doce personas. Aquello era el infierno, imposible concentrarse. Entre llamadas de doce teléfonos, conversaciones, música, impresoras y demás aquello era la cosa menos productiva del mundo.

Afortunadamente, descubrí una estrategia que me funcionó de maravilla: las reuniones conmigo mismo. Sí, un servidor se cogía el portátil, la libreta y un boli de cuatro colores y se iba a una reunión consigo mismo a una de las salas de reuniones. Silencio absoluto, sin interrupciones, yo y mis cosas. Al cabo de unas semanas se descubrió el pastel y había tortas por reservar la sala de reuniones. Entre tres compañeros, los más silenciosos, acordamos compartir la sala de reuniones pero en silencio absoluto. Sin teléfonos, sin charlas; solo el repiqueteo de las teclas del ordenador.

Apunte disruptivo

Cuidado con la música. Si estudias o trabajas con música, esta debe cumplir algunas máximas. Para empezar, es mejor que sea instrumental para que así no te puedas distraer con la letra. Si hay letra, que sea en un idioma que desconoces. Debe ser neutra, es decir, que no te transporte a una escena de una película o que no te despierte ningún recuerdo emotivo. Finalmente, debe tener una cadencia homogénea, es decir, que no tenga cambios bruscos de ritmo o de instrumentos que te llamen la atención y te distraigan.

Entiendo que, dependiendo del trabajo que tengas, te puede resultar complicado lo que te voy a proponer, pero te animo a que lo valores con una perspectiva amable. No estés todo el día pendiente del teléfono y del correo. Puedes mirarlo una vez al día, o dos, tres o cinco veces, pero quítate los avisos. No hay nada más disruptivo que estar mirando el teléfono o el correo constantemente. Ahora trata de imaginar que tu jefe te ha pedido que te reúnas con él durante un par de horas. Posiblemente ya lo hayas hecho en más de una ocasión.

¿Verdad que durante esa hora no ha pasado nada de nada, absolutamente nada?

Pues tienes que reservarte un tiempo libre de interrupciones para pensar, para poner en práctica tu *deep thinking*.

Limita tus distractores internos

Para poder alcanzar el nirvana del *deep thinking* necesitamos que se den algunas circunstancias en lo referente a tu paz interior. Ya sé que suena mundano, pero no podrás alcanzar el estado de trance si te estás haciendo pipí, si tienes hambre o si tienes sueño. Nuestras necesidades básicas cursan con un impulso de satisfacción que provoca ansiedad, una ansiedad que tiene la función de priorizar tu necesidad por encima de todo y de convencerte por las malas de que lo dejes todo para ir al baño, al bar o a dormir.

Pero aparte de esas necesidades más básicas y mundanas, tenemos otros factores que nos dificultan llegar a un estado de *deep thinking*. La fatiga, la ansiedad, las emociones intensas, el miedo, los recuerdos, la activación mental, la imaginación... Todo lo que te aparte del *deep thinking* tiene que resolverse. Sí, resolverse, como esos temas que están pendientes de que los cierres. Termina tu declaración de la renta, confirma que has apagado la plancha, llama a tu madre para que se quede tranquila y saca al perro a pasear para que no te ponga de los nervios; entonces y solo entonces tendrás ese estado de calma que necesitas para alcanzar el más preciado de los nirvanas, el *deep thinking* a pleno rendimiento, la atención plena en lo que estás trabajando.

Tómate tu tiempo

Una cosa más, esto del *deep thinking* requiere un calentamiento y un proceso activo. Tú empieza y verás que te llegará. En la cama, en el sofá, viendo series o pasando el *feed* de Instagram es difícil que consigas llegar al *deep thinking*. No te confundas, todo lo que acabo de enumerar no cuenta como calentamiento.

Siéntate en tu mesa de trabajo, aunque no estés en un estado de inspiración. Empieza a calentar con un poco de lectura ligera, repasando tus apuntes o leyendo ese informe. Una vez has calentado, empieza a entrar más a fondo en lo que tienes que hacer. No olvides que no se puede mantener un nivel de *deep thinking* durante mucho tiempo, así que cuando veas que está bajando el rendimiento, date un respiro, coge aire y descansa unos minutos para poder volver a reiniciar el ciclo.

No lo olvides, sin ese calentamiento te resultará complicado llegar a un estado de pensamiento profundo.

Insiste

Toda nueva habilidad requiere práctica. No te agobies, pues de la misma manera que puedes acabar corriendo un maratón si te entrenas bien, puedes acabar controlando perfectamente el *deep thinking* si te entrenas bien.

Necesitas reservar tiempo y espacio, e insistir en ello. No olvides todas las pautas que te he dado. Además, si lo vas practicando con regularidad, verás que cada vez te cuesta menos entrar en ese pensamiento profundo y que cada vez puedes estar más tiempo con un excelente nivel de *deep thinking*.

A mí me pasa cada año con la temporada de esquí de travesía. La primera esquiada de la temporada, justo con las primeras nieves, allá por el mes de noviembre, suele ser terrible, cansada, corta y poco agradecida. Suerte de la ilusión de que todo lo mejora. En cambio, ya a final de temporada, sobre el mes de marzo o abril, las salidas son rápidas, más largas, con menos fatiga y más satisfactorias. Pues con el *deep thinking* pasa lo mismo: requiere un entrenamiento.

Una cosa más: hay días en que no es posible, días en que lo tenemos todo de cara, sin interrupciones, con la mesa limpia y con todos los astros perfectamente alineados, pero no conseguimos llegar al *deep thinking*. En esos días no te preocupes. Inténtalo un par de veces, pero si no tienes el día, no pasa nada. A veces estamos incubando un pequeño resfriado, tenemos un pequeño dolor que interfiere o tenemos la cabeza en un problema que no nos deja pensar bien. En esos días lo mejor es que desconectes, hagas algo de actividad física al aire libre, te des un baño o llames a una persona querida y vuelvas al ataque más descansado y regenerado.

No lo olvides...

- La multitarea provoca que alarguemos las tareas, que sean de peor calidad y que tengan más errores.
- Las prisas por acabar suelen estar detrás del pensamiento superficial.
- Tu mente tiene especial interés en que termines esa tarea y no le importa que lo hagas bien o mal.
- Corremos mucho para no llegar a ninguna parte.
- El uno por ciento de lo que piensas nace de la percepción y el noventa y nueve por ciento restante es una proyección que realiza tu memoria a partir de lo que has percibido.

- Nos fijamos en un elemento relevante e ignoramos el resto.
- Descansa lo suficiente para poder estar preparado.
- Intenta respetar tus ritmos circadianos.
- Encuentra un lugar que te invite a pensar.
- Limita tus ladrones de atención.
- Limita tus distractores internos.
- Tómate tu tiempo.
- Práctica e insiste con el *deep thinking*.
- Focalízate, una cosa a la vez.

CAPÍTULO 3

NO CONFÍAS NI EN TI NI EN TUS POSIBILIDADES

Empiezo a escribir este capítulo sentado en una piedra templada por el sol. A mis pies, unos metros más abajo, está el Estany esbalçat, un pequeño lago situado en el noroeste de Andorra, cerca de la estación de esquí de Arcalís, en la parroquia de Ordino. Vivo en un valle que es reserva de la Biosfera y para conseguirlo he tenido que ser valiente, creativo y perseverante.

Nadie me ha regalado nada, simplemente he luchado por lo que he querido, he perseguido mis sueños y he priorizado tener una vida bonita para mí y para los míos.

Siempre he tenido un punto de miedo, un punto de inseguridad. Si tengo que analizar mi autoestima, te diré que es más probable que peque de baja que de alta. Pero a pesar de no sentirme seguro en todo momento, siempre he sido valiente, como el explorador que me considero.

No lucho contra mi autoestima. He aprendido a convivir con ella y nos entendemos a la perfección. A veces me deja en paz, a veces me reclama, pero ahí andamos, en un *entente cordiale*. Algunas personas tienen la autoestima demasiado baja, lo cual no es bueno si queremos disfrutar de una vida bonita. La baja autoestima es sinónimo de inseguridad, de falta de confianza y de miedo, y con inseguridad y miedo no se puede pensar bonito. Se puede dar el caso de que esa falta de confianza nos haya acompañado durante toda la vida y en todas nuestras parcelas vitales en forma de baja autoestima e inseguridad, resultando ser, en definitiva, un rasgo de nuestra personalidad; pero también, como veremos más adelante, hay momentos en los que hasta la persona más segura del mundo pierde todo su aplomo y seguridad.

A efectos prácticos, las consecuencias de tener una baja autoestima o de que te bloquees en algunas situaciones o ante algunas personas son muy similares. Pero vayamos por partes. Empecemos por las personas que son inseguras como un rasgo de su personalidad, es decir, prácticamente siempre, en casi todas o todas las situaciones y ante la mayoría de personas, con independencia de que sean conocidas o no.

Una de las principales características de una persona insegura con una baja autoestima es que tiene dificultades para afrontar situaciones que requieren valor, que suponen una exposición a otras personas o que precisan una buena dosis de seguridad y confianza en uno mismo.

Cada día, varias veces al día, necesitamos hacer acopio de valor para poder marcar límites, defender nuestros derechos, hacer algo que no hemos hecho nunca o, simplemente, dar un paso al frente y tomar la iniciativa. Una persona que tiene una baja autoestima e inseguridad como parte de su personalidad no se sentirá capaz ni competente y acabará renunciando a muchas cosas.

Desmontando las trampas de tu mente
Querer es poder

Bueno, bueno, bueno. Yo quisiera cantar como Pavarotti, pero no puedo. Yo quisiera poder gobernar Canadá, pero no puedo. Yo quisiera poder actuar como DiCaprio, pero no puedo. No podemos con todo lo que queremos, pues hay limitaciones insalvables, no lo olvides. El querer nos puede ayudar un poco a esforzarnos más, pero poca cosa más.

Ay, la baja autoestima, ¡cómo nos condiciona la vida! Es imposible pensar bonito con una autoestima baja y la razón está clara: una autoestima baja hace que no estés a gusto contigo mismo, que no te quieras lo suficiente, que te cueste encontrar el valor y, en consecuencia, que no puedas estar a gusto con la vida. La inseguridad, la falta de confianza y la baja autoestima toman el control de nuestro pensamiento y lo condicionan por completo, impidiéndonos vivir una vida bonita y sumiéndonos en un mar de dudas y de ansiedad. «¿Qué tendría que haber hecho?» ¿Por qué he tenido que hablar tanto?» «¿Qué pensarán de mí?» «No estoy a la altura.» Estas preguntas y afirmaciones son habituales en momentos de inseguridad. ¿Te reconoces? ¿Te ha pasado alguna vez?

La baja autoestima, la inseguridad y la falta de confianza son, sin duda alguna, una de las grandes fuentes de sesgo de nuestros pensamientos, elecciones, percepciones y emociones. La vida de una persona con baja autoestima es una vida insegura, temerosa y sufrida… y una vida sufrida no puede ser una vida bonita.

Sabemos, por ejemplo, que una persona con una baja autoestima tiende a culparse de todo aquello negativo que le sucede o le sucede a sus seres queridos, aunque él o ella no haya tenido la culpa. Por otro lado, suele atribuir a la suerte todo aquello bueno que le ha pasado. Este pensamiento, que podría pasar por normal, a menudo no lo es. A veces, nuestros logros dependen de la suerte, sin duda, pero otras nos los hemos ganado a pulso. A veces, nuestros fracasos dependen de nuestra gestión, de nuestra planificación o de las decisiones que tomamos, pero en ocasiones, simplemente, dependen de la mala suerte, de la mala intención de otras personas o de aspectos contextuales. Pero si crees que tienes la culpa de todo lo malo que te pasa y crees que todo lo bonito que te ha sucedido ha sido por suerte, creerás también que no puedes ejercer nada de control sobre tu vida y quedarás a merced del caprichoso destino y de las personas tóxicas, que no dudarán en darte un poco de seguridad a cambio de un elevado peaje.

A nivel de pareja, por ejemplo, una persona con baja autoestima suele confundir el amor con la admiración y acaba enamorándose de perfiles narcisistas, dominantes o maltratadores. El narcisista necesita admiradores, y una persona con una baja autoestima es una víctima ideal. Su inseguridad asegura su fidelidad, sus dudas son oportunidades para que la otra parte se luzca y sus miedos son el adhesivo para crear esa dependencia emocional que le asegura la paz y la tranquilidad al perfil narcisista.

Una persona con baja autoestima tiene un estilo atributivo que tiende a consolidar la baja autoestima y a cronificar la inseguridad y la falta de confianza. Si eres una persona con una baja autoestima, interpretarás el mundo en consonancia con tu inseguridad, sufriendo mucho y con una gran necesidad de ganar en confianza.

INSEGURIDAD RELACIONAL

Tenemos un segundo tipo de inseguridad, mucho más puntual y controlada que la asociada a la baja autoestima, pero no por ello menos molesta: la inseguridad relacional. Esta se origina ante la interacción con una determinada persona o perfil de personalidad, y puede darse en personas que ni son inseguras ni tienen una baja autoestima.

Solemos sentirnos más o menos inseguros ante personas que no conocemos, personas que nos recuerdan a alguien que nos hirió en el pasado, personas que nos hacen sentir inferiores y todo aquel tipo de gente que despierta nuestros miedos y fantasmas.

No es que carezcamos de recursos para relacionarnos, ni que seamos introvertidos, sino que ante algunas personas nos bloqueamos y no podemos hacer más que balbucear cosas sin sentido, o bien sentimos ira y perdemos el control, o bien nos sentimos inseguros y perdemos toda nuestra chispa y nuestro carisma.

Es cierto que a veces nuestro interlocutor desea despertar nuestra inseguridad de manera consciente e intencionada a modo de una perversa estrategia relacional, pero a veces nuestro interlocutor no ha hecho nada de nada y somos nosotros solitos los que nos hemos montado la película con Óscar incluido a la mejor película de fantasía.

¿Ante qué perfiles podemos quedarnos bloqueados? Pues ante perfiles muy variados: esa persona que nos bloquea puede ser la persona que te gusta, tu suegro, tu jefe o ese amigo de tu pareja. Y sí, el tema se complica cuando tienes que verle de manera periódica. La sola anticipación de que veremos a esa persona ya nos provoca inseguridad y ansiedad anticipatoria. Además, mientras estamos con esa persona, nos sentimos inseguros, y para acabar de completarlo todo, el recuerdo del episodio vivido también nos provoca emociones negativas.

INSEGURIDAD SITUACIONAL

Todo el mundo, en un momento u otro a lo largo de su vida, ha perdido la confianza de manera puntual. A veces la perdemos en una situación concreta, como una charla en público, una cita o una reunión con un cliente importante. Las primeras veces siempre son difíciles y, en ocasiones, sin que haya pasado nada en especial, podemos sentirnos inseguros y sin opción a que todo nuestro potencial se manifieste.

Apunte disruptivo

Una proporción muy elevada de personas que han sufrido un ataque de pánico no vuelven a tenerlo en su vida, pero hay un fenómeno muy cruel que les condiciona durante mucho tiempo, si no por el resto de su vida: la inseguridad situacional. Cuando uno sufre una crisis de ansiedad, siente que pierde el control y tiene miedo de que le vuelva a ocurrir, por lo que acaba evitando todo tipo de lugares, personas y situaciones, sin saber que es muy probable que no se vuelva a repetir esa crisis. Una crisis de ansiedad suele ocurrir por dos motivos: o bien por motivos puramente biológicos que van desde un mal funcionamiento hormonal o un exceso de cafeína, o bien por exceso de estrés ambiental. En el caso del estrés ambiental, si deja de tenerlo, no tiene por qué volver a repetir esa crisis. En este caso, el miedo a perder el control en una situación pública o peligrosa acaba condicionando la vida del paciente y le limita, en muchos casos, a no salir de casa.

Sin embargo, en lo referente a la falta de seguridad situacional nos encontramos con una segunda casuística grave que puede dar inicio a una pérdida de confianza de manera más o menos permanente. Este tipo de pérdida de confianza está causada por un evento traumático que nos condiciona la vida, provocando inseguridad de manera sostenida en el tiempo, y que nos puede acompañar por siempre jamás, o por un largo periodo, si no hacemos nada por remediarlo. Ese puede ser el caso cuando hemos sufrido una separación traumática, nos han despedido o hemos tenido un accidente. Esa inseguridad puede circunscribirse a las relaciones de pareja, al trabajo o a la conducción de un vehículo (en línea con los ejemplos citados anteriormente), o puede ir mucho más allá de ese ámbito en el que se originó y acabar condicionándonos la vida en todas y cada una de sus parcelas.

Como hemos visto, puede ocurrir que nuestra autoestima sea buena y sólida, pero que sintamos inseguridad situacional, es decir, que en determinadas situaciones nos vengamos abajo, nos sintamos inseguros y perdamos la confianza que tanto necesitamos. La inseguridad situacional suele ocurrir cuando estamos en situaciones desconocidas, pero también cuando nos encontramos en una situación similar a una ocasión de la que guardamos un recuerdo traumático, o bien cuando prevemos que vamos a sufrir una mala experiencia.

PENSAMIENTO E INSEGURIDAD

Nuestro proceso de pensamiento se ve afectado por nuestra inseguridad, sea del tipo que sea. Pongamos varios ejemplos. Te voy a pedir un esfuerzo de imaginación. Trata de imaginar que tienes un examen y crees que no estás bien preparado y que es posible que vayas a suspender. Ese pensamiento ha nacido del miedo y de la inseguridad. Has hecho otros exámenes en tu vida y, la verdad, no te han ido especialmente mal. Ya sabes de qué va el tema. Un examen es un breve espacio de tiempo en tu vida en el que tienes que poner sobre un papel lo que sabes de un tema.

Si sientes inseguridad, tu cerebro proporcionará órdenes claras a tus sentidos para que presten especial atención a aquellos estímulos que estén en consonancia con su idea y para que desestimen aquellos datos que contradigan sus presuposiciones. Bajo estas atentas instrucciones prestarás especial atención a la normal aceleración de tu corazón ante un examen, pero en vez de pensar que es normal, lo interpretarás como un síntoma de tu mala preparación. Repasarás todas las preguntas, pero prestarás más atención a aquellas que no sabes. Percibirás que el tiempo pasa demasiado rápido y también que todos tus colegas de examen están mucho mejor preparados que tú. Vaya, un desastre. Recuerda que todo está pasando en tu cabeza y que no tiene por qué ser real. De hecho, no importa que sea real, tan solo importa si tú lo crees así, como es el caso.

Tu cerebro, especialmente el hipotálamo, dará un significado en clave de alerta a aquellos estímulos en los que se ha fijado tu percepción servil con tu cerebro. Y, por lo tanto, en consonancia, activará todas las alarmas posibles para activar a tu cuerpo. Así que tu cerebro inseguro ha decidido provocarte miedo y ansiedad. Tus manos empezarán a sudar, tu corazón palpitará con más fuerza, tu boca se quedará seca, notarás un nudo en el estómago y sentirás cómo se te acelera el pulso. Pero hay más. La ansiedad, que toma el control, perjudica a tu rendimiento, provocándote una visión túnel, dificultando el análisis de la situación, así como la recuperación de la información que necesitas para poder aprobar el examen. Además, todo esto que te está pasando lo están percibiendo tus sentidos, ergo el círculo vicioso se retroalimenta solito.

Ya tenemos claro que lo que percibes y sientes está controlado por tu cerebro, pero pasemos a lo que haces. Dominado por la inseguridad y el miedo, tenderás a evitar la situación, por lo que responderás muy rápido para terminar con esa tortura de examen lo antes posible, o te quedarás bloqueado sin que te salga nada.

Por otra parte, ese cerebro que todo lo controla está condicionando tus recuerdos y el análisis que estás haciendo sobre cuál es tu desempeño, de tal manera que no te sentirás competente y, además, empezarás a recordar situaciones en las que has fracasado estrepitosamente, sean ciertas o confabuladas. Y es que en materia de recuerdos, la verdad está sobrevalorada. No sea que fastidies un buen recuerdo en consonancia con tu estado emocional por culpa de una realidad que no encaje, es decir, tu mente prefiere distorsionar un recuerdo en sintonía con lo que sientes a pesar de que se contradiga con la realidad.

Poco a poco tu cerebro te está acorralando, de tal forma que te empuja a una decisión. Ante el estrés, el miedo o una amenaza, nuestra mente quiere que salgamos lo más rápidamente posible de esa situación. Así que posiblemente empieces a tomar decisiones sobre tu futuro, y no muy buenas, por cierto. Tu diálogo interno empieza a traicionarte. «Será mejor que lo dejes»; «ya me presentaré en la siguiente convocatoria»; «si en realidad yo no quería presentarme, ni tan solo quería estudiar esta carrera»; «no sé qué estoy haciendo con mi vida», y mil cosas más.

En función de tus dotes imaginativas y literarias te montarás una película más o menos extensa. Hay personas capaces de montarse una saga completa que deja en ridículo a *El padrino, La guerra de las galaxias* y *Fast and Furious*. Anticipas lo que esperas que pase y, claro, no lo haces de manera objetiva y quirúrgica, sino que te dejas dominar completamente por la emoción que estás sintiendo, en este caso miedo e inseguridad. Finalmente, el cerebro tira de la motivación, creando una tensión en consonancia con lo que quiere, una tensión que cederá cuando pases a la acción, es decir, en el momento en que dejes el bolígrafo encima de la mesa y el examen en el pupitre del profesor.

Y todo esto ha ocurrido, atención, por culpa de un pensamiento. Conclusión: no eleves a verdad lo que tan solo es un pensamiento.

Lo que te acabo de explicar sucede a diario; por ejemplo cuando tienes que preparar una paella para toda la familia, cuando la policía te da el alto en un control rutinario o en cualquiera de las situaciones en las que te sientes inseguro o examinado. Y es que hemos atendido lo que en realidad deberíamos haber ignorado: nuestros pensamientos de inseguridad.

CUANDO EL MIEDO TOMA EL CONTROL

El miedo es uno de los mecanismos que más interfiere en nuestros procesos mentales. ¿Recuerdas que te he dicho que nuestra mente quiere mantenerte con vida? Pues el miedo es una de las emociones que más poder tienen sobre la mente.

A veces, las amenazas a nuestra vida son reales como las alturas, la oscuridad, la soledad o las serpientes. Esos son los principales miedos que todos tenemos grabados en nuestros genes. Pero en otras ocasiones, corrijo, en muchas, nuestros miedos no son reales. ¿Cuántas personas tienen miedo en su propia habitación de las sombras que ven de noche? Sabemos que vivimos en un lugar seguro, que la puerta está cerrada, que tenemos dos dóberman en la puerta vigilando y un sistema de seguridad de última generación conectado a una central de alarmas, a la policía, a un vigilante privado, a los cuerpos de élite del ejército y a una célula de mercenarios a sueldo por si acaso. Pero nosotros tenemos miedo de las sombras que proyecta la luna que entra por la ventana... ¡Y eso si no oímos ningún ruido extraño!

Desmontando las trampas de tu mente
Me está mirando

Una nueva trampa. Ya te gustaría que te estuviera mirando... A veces caemos en la paranoia. Hace poco, una alumna me preguntaba en mitad de una charla por qué la estaba mirando. Pues por nada, ni tan solo la miraba especialmente. El mundo no siempre gira a nuestro alrededor.

Bueno, siempre nos quedará la sábana para taparnos hasta las orejas y protegernos de cualquier peligro. Fíjate cuántos errores de pensamiento cometemos juntos. Sentimos pánico por una imaginación, pero en vez de levantarnos e ir a ver de qué se trata y despejar la duda, nos quedamos en la cama durmiendo mal, esperando que no sea nada, seguros de que la manta que nos tapa nos protegerá de cualquier cosa.

También tenemos otros miedos más sutiles pero no menos condicionantes. Nos da miedo quedarnos sin dinero, sin trabajo, sin amor y sin cosas que no sabemos... Y de nuevo condicionamos toda nuestra vida sin plantearnos si ese miedo que sentimos es real, proporcionado y justificado, o bien completamente exagerado, desfasado y fuera de lugar. El miedo a la pérdida es el más fácil de condicionar y el más difícil de gestionar de manera racional, y ahí es donde radica el lucrativo negocio de las compañías aseguradoras.

Nos da miedo cambiar de trabajo y perder nuestra aparente seguridad, nos quedamos estancados en un trabajo que no nos gusta y nos sentimos amparados y protegidos por un contrato indefinido que tiene varias maneras de ser rescindido, incluso sin derecho a indemnización. Hipotecamos nuestra vida por un amor aparente a cambio de un gran peaje, sin saber que hay personas encantadoras que nos amarían de verdad y sin cobrarnos nada. De nuevo nos sentimos seguros con las migajas de un maltratador.

Tu pensamiento dará la orden de paralizarlo todo siempre que sienta miedo; asimismo dará la orden de tener miedo cuando crea que no lo tiene todo controlado, que hay alguna amenaza o que va a correr algún riesgo. Y si tienes dudas, pues también. Por suerte, en casa no hay problemas; en entornos controlados, nuestra mente no tiene que estar tan alerta y puede economizar esfuerzos. Y es que controlar todas las funciones vitales de un organismo requiere mucho esfuerzo y energía. Imagínate que te encargan que controles que la temperatura de tu pareja no baja de 36 y no sube de 37 y, para conseguirlo, te dan miles de sensores nerviosos en diferentes partes de su cuerpo, una caldera energética capaz de proporcionar más o menos calor y un sistema de bombeo de agua que proporciona más o menos frío. Imagínate lo que llegaría a suponer para ti.

El problema principal es que nuestros miedos no nos dejan ver la vida. Así que te propongo que interpretes el miedo de una manera distinta. Lo que te está diciendo el miedo es que tienes que hacer un esfuerzo por racionalizar lo que estás percibiendo. Al final, si lo piensas bien, esa terrible araña que te tiene gritando por la habitación apenas mide unos milímetros. Pero cuando tienes miedo, lo ignoras todo y te focalizas en lo que te da miedo, lo sacas de contexto, lo magnificas, lo alejas del campo de la racionalidad y acabas paralizado y en una posición de indefensión. Y cuando nos sentimos indefensos, buscamos la seguridad desesperadamente. De nuevo atenderemos a lo que nos proporcione seguridad, sin analizar profundamente si realmente es así. Y es en este contexto mental donde encuentran su hueco parejas maltratadoras, jefes déspotas y todo tipo de fauna salvaje y tóxica.

Una vida con miedo no puede ser una vida bonita. Pensar bonito significa focalizarte en tu competencia, en tus habilidades y en tus capacidades. Si te sientes capaz, el miedo no tiene lugar para instalarse ni tomar el control.

UNA VIDA BONITA ES INCOMPATIBLE CON LA INSEGURIDAD

Como ya has podido observar, podemos sentirnos inseguros en muchas ocasiones a lo largo de nuestra vida. Y justo en el momento en el que la inseguridad asoma la cabeza, aparecerán distorsiones de pensamiento que nos limitarán, provocarán más inseguridad, confirmarán nuestra inutilidad (completamente subjetiva y sesgada) y cronificarán la falta de confianza.

Además, la inseguridad siempre aparece en el peor de los momentos, es decir, cuando más falta nos hace. A lo largo del día pasamos por diferentes situaciones en las que necesitamos sentirnos seguros, como en una entrevista de trabajo, en una exposición oral, en una reunión, en esa cena con el cuñado pesado, cuando tenemos que tomar decisiones importantes y en mil situaciones más.

La seguridad es nuestra mejor aliada para poder vivir una vida equilibrada y bonita. La vida está después del miedo. El valor suele marcar la diferencia entre una vida bonita, una vida vivida y una vida sobrevivida.

A veces, a pesar de ser personas seguras y sin temores, el miedo puede venir a visitarnos; por ejemplo, cuando no tenemos experiencia en lo que tenemos que hacer o cuando hemos tenido una mala experiencia pasada que creemos que se puede repetir en el momento presente.

Apunte disruptivo

Una cosa es el riesgo objetivo y otra muy diferente, la percepción subjetiva del riesgo. Cuando tratamos de valorar el riesgo, solemos hacer un análisis sesgado en el que nuestra percepción de competencia (completamente subjetiva) toma el control de la situación. El miedo nos paraliza y nos deja temblando en un rincón.

Te propongo que vayas haciendo pequeñas comprobaciones de tu percepción de competencia. Si quieres cambiar de trabajo, pero te da miedo, ve a diferentes entrevistas, así, sin nada que perder. Se trata de que ganes confianza en ti y en tus recursos. La seguridad te vendrá del interior, de saberte competente, y para conseguirlo tienes que darte la oportunidad de demostrarlo. Deja de vivir con miedo y empieza a demostrarte que tienes más recursos de los que crees.

Otras veces, simplemente, tenemos un momento de crisis en el que creemos que no vamos a ser capaces de hacer lo que tenemos que hacer o de estar a la altura. Sin ir más lejos, a mí también me pasa. Concretamente, siempre que empiezo un libro nuevo. Antes de ponerme a trabajar en un nuevo libro siempre hay un momento en el que me siento un poco inseguro. Una vez he diseñado la estructura del libro, llega el momento de darle contenido. Justo en ese momento pienso si seré capaz de explicar algo interesante, de dar contenido concreto a una idea, de no repetirme con mis otros libros o de plantearlo de una manera didáctica e interesante. Sí, los psicólogos que escribimos libros sobre cómo funciona el pensamiento tampoco escapamos de nuestro propio pensamiento.

Cuando me ocurre eso, recurro a la lista de logros. Este recurso para pensar bonito está especialmente dirigido a superar uno de los problemas más habituales, que, como ya imaginarás, son la inseguridad y el miedo.

TU LISTA DE LOGROS

La lista de logros es un recurso que diseñé para mis clientes y que siempre funciona, así que ahora ha llegado el momento de que la comparta a gran escala.

La lista de logros es una de mis herramientas preferidas para controlar las distorsiones de pensamiento provocadas por la baja autoestima, por un bajón temporal de la misma o por un ataque de miedo. Sea cual sea la causa, en la lista de logros encontrarás un recurso para recuperar la perspectiva y la seguridad, para volver a pensar bonito. Su objetivo es recalibrar tus pensamientos distorsionados. Esta lista de logros será tu anclaje a la realidad, tu faro en la noche de la duda, tu *sherpa* en la montaña que debas escalar.

Vayamos por partes. En primer lugar tienes que redactar esa lista de logros cuando estés bien, cuando no sientas inseguridad o cuando estés receptivo. Si la haces en un ataque de inseguridad, no encontrarás nada que poner. Por el contrario, si la haces en un ataque de narcisismo creerás que nadie se abrocha los cordones de los zapatos tan bien como tú y la llenarás de elementos que no tienen nada que ver con un logro.

El primer paso del ejercicio consiste en elaborar una lista con todos tus logros. Es posible que creas que no tienes logros, pero estoy convencido de que no es así. A ver, voy a ayudarte. Estudiar a pesar de vivir en un entorno complicado u hostil es todo un logro. No le quites valor por las notas que tenías; puede que no fueran brillantes, pero lo realmente brillante es que pudieras concentrarte y seguir hacia adelante con los condicionantes que viviste.

Criar a tus hijos es todo un logro. Quizás podrías haberlo hecho de forma distinta; a lo mejor consideras que cometiste algunos errores, pero no le restes mérito, pues es todo un logro. Ese trabajo, ese proyecto, esa familia, ir al gimnasio dos veces por semana, levantarte cada mañana a pesar del dolor, ese niño al que ayudaste o esa carrera que completaste son todo un gran logro.

Con frecuencia no tenemos claros nuestros logros. No pasa nada, habla con ese amigo de toda la vida, con ese compañero de trabajo, con ese cliente que tanto te quiere, con tu pareja, hijos o padres, y pregúntales por tus logros. Elige bien a tu referente, puesto que algunas personas están tan amargadas, tienen tan poca perspectiva o son tan narcisistas y egoístas que le quitarán mérito a todo lo que has hecho.

Revisa también la concepción que tienes de algunos logros. Recuerdo a Claudia, una clienta alegre y voluntariosa que consideraba una vergüenza lo que en realidad era un logro. Claudia vivía avergonzada por su separación. Creía que había fracasado, ya que no había sido capaz de construir y mantener unida a su familia. Pero lejos de ser un fracaso, ella había conseguido el mayor de los logros: tener el valor suficiente para separarse de una persona que no la quería, que no la respetaba y que no la trataba bien. Ten cuidado, no te vaya a ocurrir como a Claudia. Olvídate de lo que se considera un logro a nivel social y piensa en tus logros, en tu contexto, con tus recursos y tus limitaciones, en aquello por lo que has tenido que luchar y pelear.

Desmontando las trampas de tu mente
Merezco que la gente sea buena conmigo

Tú haz el bien y no mires con quién, o sí, pero no trates de que la gente haga lo que tú crees que tiene que hacer. Que seas buena persona no implica que merezcas nada bueno. La gente va por el mundo ignorándote, ya que bastante trabajo tienen con vivir. Es más, si vas a corazón abierto, estarás llamando a cualquier interesado en aprovecharse de tu ingenuidad.

Para poder confeccionar esa lista de logros necesitas adoptar una mirada amable contigo mismo, una mirada que te permita ver, desde fuera, tu mejor lado. Haz un repaso a tu historia vital con una mirada compasiva. No tengas prisa, date tu tiempo. Trata de imaginar que quieres explicarle tu vida a otra persona, que de la misma manera que ocurre en el *Cuento de Navidad*, de Charles Dickens, esa persona te acompaña por tu pasado y tu presente para conocer tu vida, tus logros y tus momentos más importantes. Trata de imaginar a ese acompañante como a alguien amable y generoso, dispuesto a descubrir tus logros y a valorarlos en su justa medida. ¿Qué vería? ¿Cuáles serían tus logros? Venga, apúntalos, no lo dejes para más tarde.

¿Y si no tengo ningún logro?

Es muy poco probable que no tengas ningún logro. Es más, si llevas días tratando de encontrar algún logro y no lo consigues, cabría la posibilidad de que estés deprimido, entre otras muchas causas. La depresión es una enfermedad cruel que, entre otras cosas, afecta a nuestra autoestima y a la gestión de lo que percibimos, pensamos y recordamos. La depresión le quita valor a todo lo que pensamos y sentimos, a lo que recordamos y a cómo creemos que somos. Estoy convencido de que tienes logros, no tengo la menor duda.

Ayúdate de personas que te conozcan; sal a dar un paseo al aire libre, sea por la playa, la montaña, un parque o el campo; llévate una libreta contigo y trata de hacer esa lista.

Otro recurso para tratar de encontrar esos logros es pensar que tu vida es la de un amigo o la de tu hijo o hija. Esta estrategia te permitirá ganar un poco de perspectiva. ¿Qué valorarías de sus logros? A menudo se ve mejor el logro en el ojo ajeno que el éxito en el propio. Damos más valor del que tienen a los éxitos de los demás y le quitamos valor a los nuestros. No seas tan duro contigo mismo.

Otra alternativa para elaborar tu lista de logros es que realices una valoración más guiada y fragmentada y que vayas analizando área por área de tu vida. Por ejemplo, a nivel familiar, personal, profesional, deportivo, social, o de alguna habilidad concreta. Insisto, no te quites méritos, no te compares con otras personas. Has de tener también en cuenta tus circunstancias y tu entorno personal, porque es probable que lo que a ti te parezca mediocre en realidad tenga un gran valor.

En esta vida, las cosas dependen del cristal con el que se miran y con frecuencia tiramos demasiado a la baja. Uno no suele ser consciente de lo que es una virtud si no le supone demasiado esfuerzo llevarla a la práctica. ¿Verdad que no ves a Messi jugando con dificultades? ¿Ni a Mireia Belmonte nadando con esfuerzo? ¿Ni a Pol Tarrés perdiendo el control con esos saltos que da con una moto de 200 kilos? ¿Ni a Ashleigh Barty corriendo desesperada por la pista de tenis? Pues de la misma manera, posiblemente, lo que tú das por sentado sea un logro.

Para mí es muy normal escribir como lo estoy haciendo. No me requiere ningún esfuerzo. Las palabras me salen solas e incluso lamento no poder escribir más rápido y tener que frenar mis pensamientos. Disfruto mucho, me lo paso genial. Más que un esfuerzo, para mí escribir es una recompensa, un momento mágico en el que fluyo, en el que todo desaparece de mi mente, pierdo la noción del tiempo, me deja de doler todo y me concentro en profundidad en lo que estoy escribiendo. Pero si vuelvo a analizar lo que me pasa cuando estoy escribiendo, si me distancio un poco, puedo ver que, en realidad, cada libro que he escrito es un logro del que puedo sentirme muy satisfecho. Que algo no te suponga un esfuerzo no implica que no sea un logro. No te confundas, una cosa es el esfuerzo y otra muy diferente el logro.

Venga, vamos a por esa lista de logros. Estoy seguro de que tienes muchos más de los que crees.

Muy bien. ¿Ya la tienes? Pues vamos a por la segunda fase del ejercicio.

Tu lista de logros será tu mejor aliada en tus momentos bajos

Con frecuencia tenemos pensamientos y creencias que nos limitan (por ejemplo, que no podemos cambiar de trabajo, de pareja o de vida). Estamos convencidos de que hemos venido a este mundo a sufrir y que hay que resignarse y aguantarse. Todas estas ideas que nos parecen normales en realidad no lo son. Son fruto de la inseguridad, del miedo o de la baja autoestima y acaban condicionando nuestra visión del mundo, de nuestro propósito y de lo que podemos hacer o no. Si te identificas con lo que acabo de explicar, en la lista de logros encontrarás tu principal aliado para ganar seguridad y atreverte a dar el paso.

Apunte disruptivo

A menudo, la baja autoestima se forja en casa. He desarrollado un programa de formación y sensibilización pionero para el comú de Andorra La Vella para ayudar a jóvenes y a familias a ganar en calidad de vida, abrir canales de comunicación y crear vínculo. Puedes buscarlo en internet; se llama programa SOMi.
Uno de los ejercicios que he diseñado es una lista de logros de padres a hijos. Te animo a que la hagas tú también.
Se trata de escribir una lista con los logros de tus hijos y que la compartas con ellos. Remóntate en el tiempo, recuerda y haz esa lista de logros. No le des más importancia a una habitación desordenada que a ese esfuerzo que realizó para aprobar esos exámenes. Una vez realizada la lista, queda con tu hijo o hija en un lugar tranquilo y compártela.
¿Te imaginas que tus padres hubieran hecho lo mismo contigo? Pues no dejes pasar la oportunidad de hacerlo con tus hijos, pero también con tus alumnos, con tus sobrinos o con el equipo deportivo al que entrenas.

Cuando tengas que afrontar un nuevo reto o algo que no hayas hecho nunca, o simplemente estés bajo de moral, lee tu lista de logros. Hazlo tan a menudo como sea necesario, no te cortes. Puedes guardarla en el móvil, en una libreta o incluso hacerte un póster y colgarlo en tu habitación o en el despacho, pero tenla siempre presente y repásala especialmente en los momentos difíciles. Tu lista de logros será como una especie de salvoconducto que te ayudará a atravesar los mares de la incertidumbre y las montañas de la inseguridad. Será tu brújula en la tormenta, tu GPS en la vida y tu perro fiel en la noche oscura. Tu lista de logros te ayudará siempre a pensar bonito.

Aquí van algunos consejos para tu lista de logros:

- No descartes nada.
- No des por sentadas cosas que son extraordinarias.
- No te compares con otras personas; cada uno tiene un contexto determinado.
- No le quites mérito a tus logros, no te pases de modestia.
- No confundas sufrimiento o esfuerzo con logro. Tus virtudes no te suponen ningún esfuerzo, pero siguen siendo virtudes.

No lo olvides...

- ✔ La baja autoestima es el precursor más habitual de sentimientos de inseguridad y miedo.
- ✔ Podemos sentirnos inseguros como rasgo de personalidad, pero también ante determinadas personas o situaciones de manera puntual.
- ✔ La baja autoestima condiciona y limita tu vida cada día.
- ✔ La baja autoestima provoca un estilo de atribución que la cronifica.

- La culpa, la vergüenza y el miedo provocado por la baja autoestima suele ser injustificado.
- Algunas personas pueden provocarnos inseguridad de manera deliberada, mientras que, en otras ocasiones, nuestros pensamientos y percepciones ante determinadas personas pueden hacernos sentir inseguros.
- A pesar de tener una autoestima sólida, en cualquier momento, por culpa de una situación traumática, podemos perder esa seguridad.
- El miedo es uno de los principales paralizantes ante la acción.
- Una vida bonita es incompatible con la inseguridad.
- La lista de logros te ayudará a recalibrar tu pensamiento y a ganar seguridad cuando tengas un episodio de inseguridad.
- Damos por sentados logros que son extraordinarios.
- No compares tus logros con los logros de otras personas, pues cada uno tiene su contexto, sus recursos y sus condicionantes.
- No somos conscientes de nuestras virtudes.

CAPÍTULO 4

DAS IMPORTANCIA A LO QUE ES IRRELEVANTE

Otro de los errores que cometemos y que no nos permite pensar bonito es que damos demasiada importancia a datos que, en realidad, son irrelevantes. Nos cuesta discriminar lo importante de lo accesorio. Es más, gran parte de lo que pensamos es absolutamente desechable; sin embargo, le damos el mismo peso que a un pensamiento de calidad.

Aunque tengamos un exquisito proceso de deducción y de pensamiento, si el punto de partida no es bueno, las conclusiones no serán buenas. Cada día veo numerosos ejemplos de este fallo de pensamiento que no nos permite pensar bonito: en el médico que se fija en unos síntomas e ignora otros, en el mecánico que le da importancia a lo que es irrelevante, o en el comercial que ignora lo importante.

Desmontando las trampas de tu mente
Todo es una porquería

Estamos de nuevo ante un tipo de proyección. Cuando estamos mal, sin esperanza, hastiados y agobiados, proyectamos nuestro estado anímico por doquier. El mundo sigue siendo exactamente igual, pero tú te has puesto las gafas oscuras de la amargura.

Te pondré un ejemplo personal. Este inicio de primavera, mi hija quiso comprarse las típicas zapatillas de lona marca

Converse en forma de bota. La acompañamos mi mujer y yo. Estando en la tienda, mi mujer tuvo la idea de que nos compráramos los tres las mismas zapatillas. La dependienta que estaba atendiéndonos lo ignoró, yo no.

Mi mujer pidió unas de color rosa y yo, unas de color rojo. Se las probó, pero valoró que eran muy planas. No se sentía cómoda, así que la idea perdió gancho. Mientras mi hija se probaba la zapatilla, miré el resto de la colección de zapatillas y vi unas que tenían un poco de plataforma. Se las enseñé a mi mujer y le encantaron. El hecho es que todo lo que ignoró la dependienta, desafortunadamente para la tienda, fue atendido por mí, afortunadamente para la tienda. Yo fui quien facilitó la venta, la dependienta no hizo absolutamente nada. Si no llega a ser por mi interés en que tuviéramos los tres las mismas zapatillas, no se habría producido la venta. En este caso, al atender a la demanda de mi pareja, focalicé mi atención en que pudiera satisfacerse, lo que me permitió buscar alternativas, encontrarlas y lograr mi objetivo.

Apunte disruptivo

Cada uno tiene sus prioridades y así ha de ser. Si vives una vida sin prioridades, no podrás diferenciar lo importante de lo accesorio. A veces, especialmente en la vida en pareja, acabamos dándole más importancia a las prioridades de nuestra pareja que a las nuestras propias, ignoramos lo importante y elevamos a importante aquello que no lo es en realidad o que no lo es para nosotros.

En este caso, lo que esa dependienta ignoró o no atendió no era nada grave o de grandes repercusiones, pero a menudo organizamos nuestra vida alrededor de algo sin sentido e ignoramos lo que realmente es importante. Este es uno de los problemas con los que me encuentro con algunos de mis clientes: tienen una vida perfectamente organizada pero sin sentido y, claro, luego llega la crisis de dejarlo todo y romper con la vida que tenían montada.

Cada día, varias veces, dejamos de pensar bonito, y ello nos afecta en nuestro trabajo, con nuestra pareja y en la vida en general.

IGNORAR FRENTE A ATENDER

Tengo que reconocer que voy poco al supermercado y que hago toda la compra por internet, pero cuando sí voy, puedo hacer dos cosas. La primera, que suele ser la más frecuente, es ir a buscar lo que necesito y tengo apuntado, bien sea en mi teléfono, en una lista o en mi cabeza (cada vez menos).

Si me lo propongo, soy el más rápido del lugar yendo a comprar. Entre mis gestas más preciadas está la clásica compra de Nochebuena el mismo día 24 a las tres de la tarde. Seguro que te ha pasado. De repente te das cuenta de todo lo que te falta para las fiestas de Navidad y, como le pasa a miles de personas, al llegar al súper, te encuentras con una superpoblación de compradores de última hora vagando por los pasillos con la mirada perdida, una mano en el carro y la otra levantada como un zombi.

En mi caso, puedo recordar qué necesito y en qué pasillo está, deducir su ubicación si no conozco el súper y adelantar a compradores lentos, y todo esto mirando el correo en el teléfono. Vamos, optimización del tiempo al máximo. A esto lo llamo yo *compra-racing*.

Pero, a veces, muy pocas, voy al súper relajado y con tiempo, y entonces sigo una dinámica muy diferente: recorro sistemáticamente todos y cada uno de los pasillos del súper. Tranquilamente, como quien pasea, mirando qué hay, dejándome inspirar por los productos. A esto lo llamo el «paseo de súper».

En la *compra-racing* tan solo compro lo que necesito. Voy focalizado al máximo y mi objetivo es tardar el menor tiempo posible en hacer la compra y salir del súper lo antes posible. Yo creo que si hubiera un incendio, no sería capaz de ir tan rápido.

En el paseo de súper compro lo que necesito y lo que me apetece o me llama la atención. También compro lo que creo que le puede gustar a Núria o a Ali y con lo que podríamos hacer un plato original. Lógicamente, paso más tiempo en el súper y compro más cosas.

Cuando llego a casa, viene la segunda fase del problema: vaciar el coche y subir la compra a la cocina o adonde toque. Lógicamente, en la compra modo racing vacío el coche prácticamente igual que hago la compra, muy rápido; con uno o dos viajes hay suficiente. En cambio, con el paseo de súper, el tema se complica. Normalmente necesito varios viajes escaleras arriba y escaleras abajo; bueno, si lo miras con optimismo, pues más fuerte que me pongo.

Llegamos a la tercera fase: sacarlo todo de las bolsas. Apenas una o dos bolsas con la *compra-racing*, mientras que con el paseo de súper acabo llenando la mesa de la cocina, la encimera, el poyete y lo que convenga.

La cuarta y última fase consiste en colocarlo todo en los armarios. De nuevo seguimos la tónica general, veloz y eficaz en el modo racing, lenta y tediosa en el modo paseo de súper.

Apunte disruptivo

Muchas personas buscan el éxito y lo sacrifican todo por ese éxito. Familia, pareja, amigos, salud mental y salud física pasan a ser irrelevantes y esto supone un grave problema. Para empezar, no hay tantas personas que encuentren el éxito. He tratado a deportistas, directivos y padres de familia que no han llegado a la cumbre. También he tratado a los que han llegado a la cumbre y tan solo la han podido disfrutar unos instantes. Al final, siempre hay una misma reflexión: de haberlo sabido, no habría hecho tantos sacrificios.

Además, hay un inconveniente: cuando hago la compra en modo paseo de súper, acabo comprando cosas que jamás había comprado, por lo que no tienen sitio en el armario y tengo que hacerles un hueco. A ver dónde pongo el cabello de ángel, y la salsa chimichurri, ese bote de especias, la lata de *magret du canard* o el queso para la *tartiflette.*

¿Sabes por qué te he contado todo esto? Pues para poderte explicar el siguiente punto. Cuando hago la *compra-racing*, básicamente ignoro más que atiendo. En cambio, cuando hago la compra en formato paseo de súper, básicamente atiendo más que ignoro. Parece un matiz, pero lo que acabo de explicar son dos estados mentales que si los gestionas bien, te cambiarán la vida.

En el estado mental de ignorar estoy menos receptivo, más recluido en mí y más focalizado en mi objetivo. En cambio, cuando estoy en el estado mental de atender, estoy más receptivo, más creativo, pero también más disperso.

No hay un estado bueno ni uno malo. De hecho, lo mejor es saber elegir cuándo es mejor estar en un estado o en otro en función del contexto. Cuando ignoras más que atiendes, te focalizas en lo importante. En cambio, cuando atiendes más que ignoras, estás más receptivo y creativo, pero, al igual que pasa con la compra del súper, acabas teniendo más paja, más elementos irrelevantes y más distractores.

Apunte disruptivo

Sabemos que una característica de las personas creativas es que atienden más que ignoran y eso supone algunas ventajas y algunos inconvenientes. Una persona creativa va atendiendo a detalles que va incorporando a su almacén de información. En un momento dado puede recuperarlos de manera más o menos fortuita. El curso de pensamiento de una persona creativa es más libre, desordenado y anárquico, y en ese ir y venir va saltando de concepto en concepto, por lo que se permite cruzar informaciones que a otra persona no se le habrían ocurrido. Pero, por otro lado, he venido aquí a desmontar el mito de las personas creativas. Si bien es cierto que al igual que hay personas más altas y más bajas, existen personas más creativas o menos creativas, también es cierto que podemos hablar de la creatividad como de un proceso o una técnica, por lo que, a pesar de no ser una persona creativa, puedes tener momentos creativos. Sí, la creatividad se puede aprender.

MIRAMOS, PERO NO VEMOS

A veces miramos, pero no vemos. ¿Te ha pasado alguna vez? Nuestro cerebro se encarga de suprimir todo lo que no está en el centro de nuestra atención. Cuando miramos algo, los haces de luz se transforman en inputs nerviosos que en algo menos de 50 milisegundos ya están en el tálamo, el guardián de la consciencia, que decidirá qué hacer con esa información.

Apunte disruptivo

Tu cerebro decide de manera autónoma qué atender y qué ignorar. Tu cerebro bloquea el tacto de nuestras gafas de sol, del cinturón del pantalón o de los zapatos para prestar aten-ción a otras cosas. ¿A que ahora ya estás notando el tacto del cinturón y de los zapatos?

Cuando un estímulo activa nuestros sentidos ocurre algo muy especial y relevante para entender cómo pensamos. En apenas 150 milisegundos desde que abrimos los ojos ya estamos en marcha respondiendo al estímulo que hemos visto. Pero esa respuesta no es a lo que hemos visto, sino a lo que hemo imaginado. A partir de un pequeño input, enseguida pasamos a recuperar un recuerdo, hemos dejado de trabajar con la realidad y hemos empezado a trabajar con ilusiones y representaciones. Lo normal es que trabajemos, pensemos, tomemos decisiones, nos enamoremos o sintamos a partir de ilusiones, construcciones y representaciones.

El aprendizaje decide qué significado asociamos al estímulo que estamos percibiendo, pensando o recordando, y ahí está la clave de la educación, en crear buenas asociaciones.

Como ya hemos visto, somos capaces de volvernos insensibles a muchas cosas para prestar atención a un determinado estímulo. Cuando algo llama nuestra atención y requiere nuestra concentración, creamos una especie de visión túnel con la que nos podemos focalizar en lo que realmente es importante e ignorar todo aquello que no es relevante. Sin embargo, este mecanismo atencional puede fallar. A veces falla momentáneamente (por ejemplo, cuando tenemos sueño o hay mucho ruido en el ambiente), pero a veces lo hace permanentemente, como en el caso de las personas con un trastorno por déficit de atención.

Apunte disruptivo

A veces, todo nuestro problema es el significado que damos a lo que nos ocurre. La vida es como es, pero nosotros la interpretamos de manera libre. Si podemos detectar esos errores y darle respuesta, podremos solucionar una gran parte del sufrimiento causado por problemas psicológicos. A veces no podemos cambiar nuestro entorno, pero sí nuestras percepciones y el significado que les damos.

Nuestra atención elige por nosotros, y se conecta y desconecta sin previo aviso. ¿Que cree que hay algo nuevo importante? Pues se conecta. ¿Que cree que puede ir tirando de concepciones? Pues se desconecta. Fíjate, nuestra atención, ella solita decide qué información es lo suficientemente importante para darle peso y descarta toda aquella que considera que no es sustancial.

Apunte disruptivo

Nuestros circuitos inconscientes pueden procesar algo más de 200.000 veces más datos que nuestros circuitos conscientes, por lo que son mucho más productivos. Que no seamos conscientes de algo no implica que nuestro cerebro no lo esté gestionando.

Miramos el mundo buscando anclajes que nos resulten familiares. Buscamos similitudes con lo que nos resulta familiar y, llegado un punto, decidimos desconectarnos del mundo y basar nuestras decisiones, juicios, emociones y todo nuestro ser en aquellas concepciones que tenemos.

Pero el tema no acaba ahí. Prácticamente todo lo que percibimos, sentimos, pensamos o recordamos se asocia a una emoción, de nuevo de manera inconsciente y sin que nosotros tengamos mucha cosa que decir.

Esa sensación de nuestro cuerpo, esa emoción que estamos sintiendo, ese pensamiento catastrófico o esa esperanza ingenua nace a partir de unas concepciones de la realidad, no de la realidad en sí misma. No podemos confiar ciegamente en las sensaciones de nuestro cuerpo. Algunas personas creen que la intuición nunca falla, que su corazón le habla mediante las emociones o que debe hacer más caso a lo que siente que a lo que piensa. Pues si te sientes reflejado con lo que acabo de describir, tienes un problema: tu intuición, tu corazón y tus emociones no siempre aciertan. No puedes confiar ciegamente en lo que sientes, así como no puedes confiar a ciegas en lo que piensas.

En definitiva, si somos capaces de aprender a discriminar aquello a lo que atender de aquello a lo que ignorar tendremos una de las claves más importantes para pensar bonito.

Pero vayamos por partes. Empecemos por ver a qué le damos importancia en función de nuestro estado de ánimo.

Pensamiento y deseo

Imagina que se acercan las fiestas navideñas. Ya has empezado a ver películas de esas en las que una chica de ciudad llega a un pueblo con el objetivo de vender un hotel que ha heredado de una tía lejana y que termina enamorándose del guaperas cachas del pueblo que, además, ha estudiado en Harvard, pero ha decidido montarse un taller de reparación de trineos en Alaska.

Entre villancicos y el *All I Want For Christmas Is You* decides ir a comprar un décimo de lotería. Aparcas en el centro y empiezas a caminar en dirección a una administración de lotería. Quizá eres una de esas personas que ha ido a Sort en peregrinación esperando a que te toque la diosa fortuna. Pues ahí estás tú, esperando tu turno en la administración de lotería, sea la de Sort o la número trece. Y mientras esperas, tu cerebro toma de nuevo el control. Tu cerebro da instrucciones claras a tus sentidos, instrucciones para que perciban lo que quiere percibir. Pasearás la vista por la administración y verás todos los carteles que indican que le han caído un montón de premios. Tu sistema límbico integrará la información que le envían los sentidos con una emoción, en este caso agradable, como una especie de dulce esperanza, y empezará a seleccionar recuerdos y pensamientos en consonancia. No te pararás a pensar que la administración lleva abierta veinte años y que en esos veinte años ha cubierto algo más de unos quince mil sorteos, por lo que los diez premios que anuncia que ha repartido solo suponen el 0,06 por ciento de los premios que podría haber repartido. De nuevo, una cifra ínfima que representa una probabilidad ridícula de que te toque la lotería por el simple hecho de haberla comprado en esa administración.

Pero tu mente ha decidido que ahora no es el momento de pensar bien, sino de desplegar un montón de justificaciones ad hoc de tu decisión de comprar lotería. «Este año me toca», «la probabilidad es muy elevada», «seguro que tengo suerte», «me lo merezco», «por qué no voy a ser yo» y mil cosas más que van a confirmar que has tomado una buenísima decisión.

Sentirás esperanza e ilusión. En realidad, esos veinte euros de la lotería no son más que una entrada al parque temático de tu imaginación. Podrías pagar por entrar a Port Aventura, a Disneyland o al parque Warner, pero no, tú has preferido montarte tu película a partir de un décimo de lotería, de esos veinte euros.

Empiezas a imaginarte conduciendo ese deportivo. Que no sea muy exagerado, para no llamar la atención, pero claro, ¿qué deportivo no llama la atención? Tanto sufrir, tanto madrugar, tanto aguantar al capullo de tu jefe como para no comprarte un súper deportivo... Lo chulo que será llegar al trabajo en un deportivo italiano de color rojo pasión. Y, bueno, ya puestos, vamos a tapar algunos agujeros. Esa reforma pendiente en la casa; pero qué digo, ¡qué reforma ni qué reforma!, una casa nueva con piscina y jacuzzi. Y así, en esa media hora de espera en la cola, más el retorno a casa y los días que faltan hasta el sorteo sigues amortizando esa entrada al parque temático gestionado por tu imaginación.

Tu memoria, fiel y obediente a tu cerebro, se dedica a recuperar recuerdos de personas a las que les ha tocado la lotería. Se te pasa por la cabeza una sucesión de imágenes. Finalmente entra en juego tu motivación. A lo mejor para comprar un número más, tanta compra requiere de mucho dinero, o para que llegue rápido el sorteo.

La ilusión se mezcla con la impaciencia. Tienes ganas de ir predicando por ahí que tienes dos números de lotería y que este año te va a tocar. Durante unos días dedicarás horas y horas a fantasear sobre el tema, a imaginarte comprando ese coche, a mirar revistas de lujo, webs de relojes y las casas que están en venta en el barrio.

¿Te suena esta situación? Pues nos pasa siempre, todo el día, cada día. Cuando decides merendar un par de rosquillas, cuando te inventas una excusa para no ir al gimnasio, cuando te enfadas con tu pareja o cuando entras por la puerta del trabajo.

Desmontando las trampas de tu mente
Mi amuleto/ángel/lo que sea cuida de mí

Sería genial que ese colmillo de tigre te protegiera y te diera su fuerza, pero, vamos, si es que es de tigre, que lo dudo, lo único que ha hecho ha sido fomentar la caza furtiva. Estamos ante un típico ejemplo de pensamiento mágico en el que atribuimos características místicas a elementos que no dejan de ser simples objetos. Yo, por el contrario, sí puedo afirmar que tengo algo que cuida de mí: mi GPS cuando estoy en las montañas.

A veces, el deseo toma el control de nuestro pensamiento y ya tenemos de nuevo el error servido. Cada Navidad cuando vamos a comprar lotería, cada cumpleaños cuando esperamos una fiesta sorpresa, cada aniversario de boda cuando esperamos un regalo inesperado, con cada examen en el que esperamos una buena nota o con cada entrevista de trabajo en la que esperamos conseguir el puesto, distorsionamos la realidad en función de nuestros deseos.

Y aquí tenemos a nuestro cerebro, de nuevo, dándole claras instrucciones a nuestra percepción sobre qué debe ignorar y qué debe atender.

A menudo ignoramos aquello que debemos atender y atendemos aquello que debemos ignorar. Podría seguir así con miles de ejemplos cotidianos con los que te identificarías seguro.

Apunte disruptivo

Tu pensamiento condiciona lo que percibes, sientes, haces, recuerdas, decides... lo que esperas que pase y lo que te motiva. Y no puedes hacer mucha cosa más que ser consciente y asumirlo, así para empezar. Te animo a que te analices, a que analices el curso de tu pensamiento.

Trata de imaginar que estoy contigo, a tu lado, todo el día. Trata de imaginar lo que estaría viendo y cómo lo comentaría contigo. Quiero que seas espectador de tus propios pensamientos.

Ah, una cosa más. Tu cerebro siempre tiene el control y lanza instrucciones al resto del cuerpo sobre lo que tiene que pensar, sentir, hacer, decidir, atender e ignorar.

Cuidado con la comodidad, esa mala consejera

Otra de las máximas que rige nuestra mente es la comodidad. Nuestro cerebro no deja de trabajar nunca. ¡Nunca! Y si lo hace, tenemos un problema. Nuestro cerebro es un órgano muy ocupado, tremendamente ajetreado, que no está para tonterías.

Imagínate que dentro de tu cerebro tienes un departamento de prioridades que no para de tomar decisiones continuamente. ¿Qué es más importante, que acelere el corazón o que lo relaje? ¿Qué es más importante, que vea esa serie o que baje los párpados y descanse? ¿Qué es más importante, que siga todo como está o que busque un nuevo trabajo, conozca a nuevos compañeros de trabajo, aprenda nuevas habilidades y solucione nuevos problemas? ¿Qué es más importante, que me separe de mi pareja y tenga que buscar un nuevo piso, reordenar mis cuentas y adaptar mi vida a algo desconocido, o que me acomode, me autoconvenza de que no es para tanto y me compre un capricho para distraerme?

Nuestro cerebro no quiere trabajo extra. No me malinterpretes. Nuestro cerebro es muy trabajador, pero no quiere hacer más de lo que le toca.

La comodidad condicionará toda tu vida a menos que decidas pensar bonito. ¿Sabes una cosa? Las mejores decisiones suelen ser muy incómodas en el corto plazo y aquí es donde encontrarás la explicación a por qué te cuesta tanto ir al gimnasio, hacer dieta, acabar la carrera, separarte, cambiar de trabajo o mudarte.

Si nuestra mente adivina que se le va a acumular trabajo, toma el control y subraya todo aquello que confirme un esfuerzo que no merezca la pena y que, probablemente, no podremos hacer. De la misma manera, ignora los beneficios a largo plazo y da importancia a todas las ventajas que tiene seguir en modo rutina, sin adoptar ningún cambio laborioso de futuro incierto, según sus cómodos cálculos. Para no perder la comodidad, tu cerebro decidirá que ignores la revisión de ese informe, que no recojas ese papel del suelo o que evites esa regla que debería regir nuestras vidas de que es mejor pasar tiempo en la cocina y comer sano que comer de forma rápida y poco saludable.

Pero la comodidad también está detrás de que no salgas de tu zona de confort, de que ignores las llamadas a la acción que te van a suponer una mejora.

La comodidad es incompatible con una vida bonita.

Pensamiento y confianza

La confianza es la otra cara de la moneda del miedo. ¡Si es que nos vamos de un extremo al otro! Nos da miedo la oscuridad, pero confiamos en una sábana que nos tapa. Nos dan miedo las alturas, pero confiamos en una atracción de feria que nos lanza a cien kilómetros por hora, sujetada por finos cables y tacos de madera. Nos da miedo un trabajo nuevo, pero confiamos en un jefe que nos traicionará sin ningún tipo de remordimiento antes que perder su puesto de trabajo. Nos da miedo un perro tranquilo y bonachón, pero confiamos en un maltratador narcisista que nos manipula a su antojo y deseo.

La confianza es una de las cosas más estúpidas del mundo. Para ganarse la confianza de alguien basta con que te vea nobles intenciones. He dicho que es suficiente que alguien te vea nobles intenciones, no que tengas buenas intenciones. Confiamos más en quienes se parecen a nosotros, en quienes empatizan con nosotros y en aquellas personas que necesitan protección y ayuda.

Si creemos que podemos confiar en una persona, ignoraremos todo aquello que vaya en contra de nuestra afirmación y atenderemos a todo aquello que confirme nuestra idea. Y es que tener que plantearnos que nos hemos equivocado es muy costoso y frustrante. De hecho, esa infidelidad, esa estafa o esa traición han ido mostrando señales, que hemos ido ignorando deliberadamente. Una verdad imaginada justifica mil mentiras confirmadas. Un abrazo, aunque sea falso, disipa todas las dudas. Un esperanzador «no volverá a pasar» cobra más importancia que aquello que ha pasado.

Eres lo que piensas... y lo que no piensas.

Como ya has visto, tu pensamiento condiciona lo que percibes, sientes, haces, recuerdas y decides, lo que esperas que pase y lo que te motiva, así que no eleves a verdad lo que solo es un pensamiento.

¿Eres de los que piensa o de los que acumulan preocupaciones? Una cosa es preocuparse y otra muy distinta, pensar. El síndrome de Diógenes es una tendencia exagerada y obsesiva a guardar y coleccionar todo tipo de cosas. Pues con nuestro pensamiento sucede lo mismo: algunas personas tienden a acumular basura mental.

A menudo me encuentro con personas que me dicen que están cansadas de tanto pensar. Yo mismo, a veces, he deseado tener un interruptor implantado en algún rincón de mi cabeza para poder desconectar de vez en cuando de mis pensamientos.

Algunas personas tienen una gran energía mental, una mente inquieta que no deja nunca de pensar, una mente incluso hiperactiva. No siempre podemos controlar el curso de nuestros pensamientos. Nuestra imaginación se dispara siguiendo las órdenes de nuestro cerebro o de nuestro estado emocional. ¿Que estás de buen humor? Pues a pensar cosas bonitas. ¿Que estás de mal humor? Pues a repasar todo aquello que siempre te ha ido mal. ¿Que estás preocupado? Pues a imaginar catástrofes. ¿Que estás enamorado? Pues a verlo todo de color de rosa.

Pero no siempre podemos controlar nuestro flujo de pensamiento. Es más, nuestro curso de pensamiento suele tener vida propia. Nuestra mente tiene mil procesos autónomos abiertos. Es como el ordenador o el teléfono: nosotros solo vemos una pequeña parte de todo lo que está haciendo. Nuestro teléfono, tableta u ordenador tiene dos procesos de trabajo: el visible y el invisible. Mientras tú estás mirando una serie, escribiendo un documento o analizando una hoja de cálculo, tu dispositivo está actualizando el sistema operativo, buscando virus en la memoria, enviando datos de trabajo a los programadores o chequeando el sistema entre miles de procesos en segundo plano que ni conocemos. Pues nuestra mente igual. Cuando estás leyendo esa noticia mientras te tomas un café, tu cerebro está haciendo mil cosas. Además de controlar el ritmo de tu corazón, activar los jugos gástricos o seguir manteniéndote en pie, está decidiendo cómo vas a interpretar esa noticia, cómo la vas a almacenar en tu memoria, a qué recuerdos o enseñanzas la va a asociar y cuándo te la va a recordar.

Algunas de las instrucciones que recibe nuestra memoria para mantener esos recuerdos o datos son inconscientes, otras no. Imaginemos que estás deprimido. En ese caso tendrás tendencia a guardar y a recuperar recuerdos negativos, así como a transformar en negativos los recuerdos que una vez fueron positivos. Para una persona deprimida, todo, absolutamente todo está teñido de negro. Cuando sufrimos una depresión, lo que nos gustó en un momento dado deja de gustarnos y lo vemos como algo triste. Es decir, cuando estamos deprimidos, reconfiguramos negativamente experiencias, datos y emociones que, en su momento, no fueron como las guardamos ahora.

Imaginemos que eres una persona sensible. En ese caso le darás una gran carga emocional a todo lo que percibas. ¿Que tienes baja autoestima? Pues sentirás culpa, impotencia y vergüenza con prácticamente todo lo que veas. ¿Que eres una persona afable? Pues añadirás la necesidad de ayudar a todo el mundo. Y así es como la mente se va llenando de recuerdos, datos o unidades de información cargadas de emociones o sensaciones de diferentes valencias.

En ocasiones empezamos a almacenar datos que no son adaptativos o no están alineados con nada, por lo que vamos acumulando información sin darle demasiado sentido. Es como cuando te obsesionas con tu hijo, que no está haciendo todo lo que crees que debería y ahí se dispara tu Diógenes mental. Le observas tanto que no dejas de ver cosas. Datos y más datos que confirman tu idea. Pero lo que no sabes es que estás almacenando datos de una manera absurda y, por tanto, le das un significado absurdo. Si estás enfadado con tu hijo por algo, empezarás a darle más peso a esa habitación desordenada que siempre fue así pero que ahora te molesta más. Entrarás en la habitación y tu Diógenes mental empezará a acumular datos para satisfacer esa necesidad de sangre que tiene tu cerebro. «Es que no ha recogido la ropa interior. Ni tan solo ha cerrado los cajones. Mira todos los papeles tirados por la mesa y la taza del desayuno en el suelo.»

Una cosa es acumular información y otra muy diferente es sacar partido a esa información. Para poder sacarle partido es importante trabajarla, en el sentido de conectarla, ordenarla bien, saber encontrarla cuando la necesitas y ser capaz de construir cosas nuevas a partir de lo que tienes. Trata de imaginarte una montaña de ladrillos, sacos de cemento, cajas de baldosas, tejas, tuberías, bañeras, inodoros, cocinas, camas y todo lo que contiene una casa. Eso sí, imagínate que la empresa a la que le has comprado todo el material ha llegado al solar y lo ha dejado en el suelo. Eso es tener información. Pero ¿qué es relacionarla? Pues tener tu casa perfectamente construida, con los ladrillos perfectamente puestos y formando paredes y tabiques, tener un tejado de tejas, y un lavabo perfectamente equipado, al igual que el resto de la casa. Eso es sacarle partido a la información. Siguiendo con el símil, ya puedes tener un montón de material, incluso material de más, que si no sabes edificar una casa, de poco te servirá.

Y ¿qué tenemos que hacer para no sufrir ese síndrome de Diógenes mental? Pues trabajar esa información, relacionarla, establecer deducciones y relaciones causales, dedicar tiempo a pensar y a analizar.

Eso sí, hay dos cosas que no podemos hacer. La primera es acumular información sin sentido. Te animo a que practiques el olvido activo. Es muy sencillo: cuando le damos importancia a algo, nuestra mente entiende que tiene que estar a mano y no permite que se olvide. En cambio, cuando valoramos que algo no es importante ni significativo, suele acabar siendo olvidado. Te recomiendo que no le des tiempo ni le prestes atención a lo que no quieres recordar.

La segunda acción consiste en tener claro que preocuparse no es lo mismo que pensar. Pensar es algo constructivo, algo que aporta, algo que crea. Preocuparse no es productivo. Se parece al pensamiento productivo porque requiere de una energía mental importante, pero secuestra a nuestra mente sin permitirnos atender plenamente a otras cosas. Pensar y preocuparse consume energía, calorías, ¡incluso adelgaza! Pero cuando nos preocupamos, no llegamos a ningún lado, tan solo nos movemos en círculo. Ni tan siquiera tenemos una nueva perspectiva, sino que tan solo mareamos el tema, lo sacamos y lo volvemos a meter, sin construirlo, sin trabajarlo, sin aprender nada. Tan solo le damos vueltas hasta acabar agotados. En el colmo de las preocupaciones está preocuparse por cosas que pueden pasar, pero que todavía no han pasado y, posiblemente, nunca pasarán.

Te sugiero que si eres de ese tipo de personas que se preocupa, intentes transformar la preocupación en acción, en una acción que incida directamente en el objeto de tus preocupaciones. Lo de preocuparse es algo así como sufrir un dolor de muelas pero no ir al dentista; quedarte tan solo en el hecho de que te duelen las muelas.

Por cada preocupación, una acción. Sobre la preocupación no podemos hacer nada, pero sobre la acción que incide en el objeto de esa preocupación sí.

SIETE CLAVES PARA FOCALIZARTE Y PROCESAR MEJOR LA INFORMACIÓN

La clave para gestionar este error de pensamiento, que nos lleva a atender a cosas que debemos ignorar e ignorar cosas que debemos atender, es la capacidad que tienes para focalizarte y para focalizar tu atención.

Pensamos mucho, de hecho básicamente pensamos, pero no solemos prestar atención a lo que pensamos ni a cómo pensamos.

Desmontando las trampas de tu mente
No es para tanto

Me encanta esta socorrida excusa: «No es para tanto». Solemos ampararnos en la relativización siempre que nos suponga un beneficio. Veríamos qué pasa si sucediera al revés. Pongamos que te has acabado los berberechos del aperitivo y alguien te increpa. Seguramente utilizarás el «no es para tanto» para excusarte. Ahora bien, supongamos que alguien se ha comido todos los berberechos del aperitivo. Estoy convencido de que ya no dirás que no es para tanto, ¿verdad?

Te voy a ayudar a procesar mejor la información con algunas claves. Como has podido deducir, es muy importante saber qué tenemos que ignorar y qué debemos atender.

1. Da instrucciones a tus sentidos

Da instrucciones a tus sentidos para que sean capaces de estar en modo *racing* o en modo paseo. Ambos modos son importantes y debemos aprender a distinguirlos.

Por ejemplo, cuando leo, detecto libros *racing* y libros paseo, y la diferencia entre unos y otros es la paja que contienen. Cuando leo un libro paseo, me pongo de los nervios. En fin, se me da muy bien separar el grano de la paja e ir a los conceptos clave. Me encanta resumir y sintetizar, veo cómo se me forman los esquemas de lo que leo como Anya Taylor-Joy veía las partidas de ajedrez en la serie *Gambito de dama*.

Esa capacidad que tengo para focalizarme también me ayuda cuando estoy con un cliente, con un alumno o con cualquier persona. Se me da muy bien atender a lo importante e ignorar lo accesorio o irrelevante. Algunas personas saben cómo hacer que te fijes en lo irrelevante para poder esconder lo importante, como ocurre en un engaño o una estafa. No lo dudes, saber atender e ignorar es muy importante.

Aunque la realidad se vista de seda, realidad se queda.

¿Qué atender?

Todo objeto, acción, emoción o concepto, en definitiva, tiene unos atributos esenciales y unos accesorios. Por ejemplo, los atributos clave de la nieve son que es fría, blanca y húmeda. Estos días nos ha visitado una nube de polvo del Sáhara y nos ha dejado toda la nieve de color marrón. ¿Sigue siendo nieve? Pues sí, pero no cumple uno de sus atributos principales, el color. No pasa nada. ¿Qué tenemos que atender entonces? Pues los atributos principales, ya que reflejan la esencia de lo que estamos valorando.

¿Qué ignorar?

Hay que ignorar todos los atributos que no son clave de un concepto, todo aquello que es accesorio o aquello que no encaja con tus prioridades. ¿Cómo? ¿Que no tienes prioridades? Pues date prisa a definir tus prioridades o no podrás saber qué atender y qué ignorar. ¿Recuerdas la dependienta del ejemplo de las zapatillas? Pues ella no tenía claro que una de sus prioridades era vender. De haberlo tenido claro, hubiera atendido a nuestras peticiones para cerrar la venta. ¿Qué más puedes ignorar? Pues las provocaciones, lo que piensas cuando estás de mal humor, algunos consejos y todo aquello que no te acerque a tus objetivos y prioridades

2. Analiza los atributos esenciales

Si he creado una asociación entre los pelirrojos y la confianza, me estaré equivocando. Conocí a una persona que pensaba que los pelirrojos no son de fiar y, para ella, ser pelirrojo era un atributo principal después de que su novio pelirrojo la hubiera dejado. Conozco a otra persona que ha asociado que no puede comer naranjas porque le sientan mal, a pesar de que lo que le sienta mal no es la naranja, sino la cantidad de naranjas que se come después de tres platos.

¿Qué te parecen estos dos ejemplos de falta de atención a los atributos esenciales? Una persona descarta a todos los novios pelirrojos y la otra hace años que no come naranjas cuando el problema no son ni los chicos pelirrojos ni las naranjas. El problema es determinar qué atributos son clave o críticos para un producto, o categoría. Si no afino bien, puedo cometer un gran error que me condicionará de por vida.

Necesitas replantearte las grandes conclusiones y las grandes reglas que rigen tu vida, ya que es posible que estés haciendo cosas sin sentido por culpa de haber sacado concusiones parciales o erróneas, confundiendo atributos accesorios con atributos esenciales.

3. Focalízate

De hecho, el problema lo tienes tú. En función de lo que te hayan enseñado y de lo que hayas aprendido, discernirás mejor cuáles son los atributos esenciales y los podrás diferenciar de los accesorios, es decir, tendrás claro qué debes atender y qué debes ignorar.

En un rato tengo que ir a comprar a una tienda de deportes. Solo necesito una cosa, pero corro un terrible riesgo porque me encanta el material de montaña y va a ser muy difícil que vaya en formato racing. Además, como ya me conocen, es posible que el dependiente, que es encantador, quiera enseñarme el último esquí que le ha llegado o una cuerda nueva súper ligera y resistente para que pueda escalar mejor. Si no soy capaz de focalizarme, me voy a pasar toda la tarde en la tienda y voy a salir con muchas más cosas de las que necesito. Bueno, algo parecido al fenómeno Ikea. Uno va al Ikea a comprarse un sofá y vuelve sin sofá y sin cien euros que se ha gastado en tonterías que no necesita pero que son muy monas.

Y ¿cuál es el secreto para focalizarte? Pues tener clara tu prioridad. En la compra racing, mi prioridad es no perder tiempo. Define tu prioridad y podrás dirigir mucho mejor tu pensamiento. Si está en consonancia con tu prioridad, lo atiendes, y si no está en consonancia con tu prioridad, lo desestimas.

4. No te dejes engañar

Algunas personas controlan mucho el arte del camuflaje y serán capaces de engañarte mediante la distracción. Cuando no quieres que alguien vea algo, puedes hacer dos cosas, taparlo o hacer que mire hacia otro lado.

Pues, de nuevo, mucho cuidado. Cuando alguien pone mucho empeño en que mires algo, posiblemente es que no quiere que veas otras cosas, y esto aplica para todo. Para ese candidato que está haciendo una entrevista de trabajo y te está hablando de lo buena persona que es, en vez de si es buen trabajador o de las competencias que tiene; para esa comercial que te está enseñando un generoso escote en lugar del precio del producto; para ese camarero que te está enseñando un torso hercúleo para que no mires el poco alcohol que te está sirviendo en tu combinado, o para el niño que llora para enternecer tu corazón y que no seas tan severo con tu reprimenda.

Lo importante al comprar un coche no es que te regalen el aire acondicionado. Lo importante de un teléfono no es que te haga sentir con más poder. Lo importante de una chaqueta no es que se vea la marca a doscientos metros de distancia.

Separar lo importante de lo accesorio es clave, especialmente cuando tomas decisiones o cuando compras algo. Lo importante en una mudanza no es tener que hacer cajas, sino el cambio que te supondrá. Lo importante en una separación no es el jaleo que te va a crear de inmediato, sino una vida entera por descubrir pasados los primeros meses. Lo importante de un producto no es que te haga sentir bien, sino si va a cubrir tus necesidades.

Yo no necesito un ordenador con una pantalla enorme o incluso con dos o tres pantallas; en cambio, mi vecino, diseñador, sí que lo necesita. Lo importante para mí es que me pueda concentrar y trabajar, y para mi vecino también, lo que pasa es que para poder realizar su trabajo él necesita tener varios programas abiertos, así como una visión de gran detalle que le ayude a no perder la globalidad de lo que está diseñando; yo solo necesito una pantalla no muy grande para no perder el foco.

5. Impermeabilízate

Hay muchos pensamientos que no tendrías si fueras capaz de discriminar aquello que debes atender de aquello que debes ignorar. Por ejemplo, ignora las provocaciones, que no son más que llamadas a la acción para conseguir movilizar a una persona. ¿A que no te atreves a saltar desde las rocas? Pues no, y no pasa nada.

Ignora las ofensas, sí, no pierdas ni un solo segundo. Tú a lo tuyo. No te detengas a recoger todas las piedras que te tiran. Si le das crédito a esa ofensa, estarás perdiendo un tiempo precioso, sintiéndote más inseguro y permitiendo que la sombra de la duda entre en tu alma y tu ser.

Ignora la crítica. Sí, yo paso de las críticas, totalmente. Podemos debatir algo o puedes hacerme una aportación o sugerencia, pero a las críticas no les dedico ni un segundo de mi tiempo. Cada persona tiene su contexto y sus motivaciones, por lo que la mayor parte de las críticas suelen estar descontextualizadas y suelen nacer de los fantasmas, miedos o intereses de la persona que critica.

Ignoro las críticas exactamente igual que las adulaciones. Tengo un camino trazado y lo voy recorriendo. A algunas personas les encanta y me animan, otras lo odian y me critican. En cualquier caso, cada uno debe seguir su camino, y nadie mejor que yo sabe qué necesito, cuál es mi contexto y qué objetivos tengo.

No es que esté desconectado de mi entorno, en absoluto, pero detrás de una crítica puede haber tantas cosas, tantas motivaciones, tantos fantasmas e inseguridades, tanta intencionalidad, que lo más probable es que esa crítica esté sesgada, sea parcial o no se adecue lo más mínimo a tu contexto.

6. Asume que la gente es libre de opinar y tú, de ignorar

¿Sabes la de dolores de cabeza que te ahorrarás si eres capaz de aprender a atender y a ignorar? Por ejemplo, todos tenemos a un colega del trabajo que es tu «ami-enemigo», es decir, que aparentemente es colega, pero en realidad lo que le gustaría es estar en tu puesto. Precisamente, lo mejor que puedes hacer es ignorar lo que te diga, ya que tendrá una intencionalidad no muy noble ni sincera.

Cuando aprendas a ignorar, podrás decir adiós a la envidia, al rencor o al odio, entre otras cosas. Pero también tomarás mejores decisiones, pensarás mejor y más rápido y te sentirás más satisfecho.

No lo olvides: ni debes atenderlo todo, ni ignorarlo todo. La clave está en saber qué atender y qué ignorar.

Yo ignoro a algunas personas de forma general y a otras en algunos momentos determinados. A menudo me topo con narcisistas que han perdido a sus parejas y que creen que yo he sido el responsable. Pues nada, a ignorarlos totalmente. Pero también me encuentro con mi querida hija que ha dormido mal y está más irritable. Pues también, a ignorar algunas cosas hasta que descanse y vuelva a ser encantadora.

Desmontando las trampas de tu mente
Tú más

Un nuevo recurso para quedarnos tranquilos, desviar la atención y seguir con nuestra aparente impunidad. ¿Que tu pareja se enfada contigo porque no ordenas los cajones? Pues nada, contéstale que «ella más», que es mucho más desordenada. Y así con todo. El otro siempre más...

Ignorar no es tan trágico. No te sientas mal. A veces ¡hasta me ignoro a mí mismo! No siempre puedo hacerme caso. A veces pienso tonterías, a veces me preocupo sin necesidad y a veces no estoy nada productivo. Pues nada, a ignorarme y a distraerme.

Las opiniones de otras personas, así como en algunos momentos tus propias opiniones, no son hechos, y si no son hechos, no merecen tu atención. No lo olvides: la gente es libre de opinar, tanto como tú eres libre de ignorar.

7. Controla tus impulsos

Nuestra mente funciona por impulsos. Bueno, en realidad tenemos procesos e impulsos, pero todo se resume en impulsos nerviosos y en potenciales de evocación de respuesta de nuestras neuronas. ¿Por qué te cuento esto? Pues porque un impulso puede ser el detonante de una emoción, un acto o un pensamiento.

Jamás olvidaré una frase de la película *Regreso al futuro*. Seguro que algunas personas recordarán las zapatillas de Marty McFly, otros su patinete y otros el DeLorean. Pues, mira, yo me acuerdo de una frase: «A mí nadie me llama gallina». Fíjate qué ejemplo tan bonito de lo que es generar una conducta, una emoción y un pensamiento a partir de una sola palabra: «gallina». McFly podía atender a esa palabra y todo lo que despertaba en su ser, o ignorarla. Si la ignoraba, no pasaba absolutamente nada de nada, pero si la atendía, ¡ay si la atendía!, siempre acababa metiéndose en problemas.

Pensamientos, percepciones, recuerdos, emociones, dolores... todo ello funciona como un estímulo capaz de provocar un impulso. Si somos capaces de dominar el gran arte de atender e ignorar, seremos capaces de controlar nuestros impulsos. Si el toro bravo fuera capaz de ignorar ese capote que le tienden, seguiría vivo. Si mi perra fuera capaz de ignorar ese rastro de un ciervo que la vuelve loca, no se perdería con tanta frecuencia en el bosque. Si nosotros fuéramos capaces de ignorar esas críticas, opiniones u ofensas, viviríamos una vida mucho más bonita.

No lo olvides...

- Organizamos nuestra vida en función de prioridades que a menudo son irrelevantes.
- Cuando ignoras más que atiendes, te focalizas en lo importante.
- Cuando atiendes más que ignoras, estás más receptivo y creativo, pero tienes más distracciones.
- Cuando el deseo toma el control de nuestro pensamiento, solemos equivocarnos.
- La comodidad es una mala consejera.
- La confianza distorsiona nuestro pensamiento.
- Eres lo que piensas y lo que no piensas.
- Una cosa es pensar y otra muy diferente, preocuparse.
- Focaliza tu atención en lo realmente importante,
- Da instrucciones a tus sentidos.
- Analiza los atributos esenciales.
- No te dejes engañar.
- Impermeabilízate de la crítica.
- Asume que la gente es libre de opinar y tú, de ignorar.
- Controla tus impulsos.

Qué ignorar:

- Críticas.
- Adulaciones.
- Lo que quieren que mires a toda costa.
- A nosotros mismos y también lo que pensamos, creemos y sentimos cuando no estamos bien.

CAPÍTULO 5

LIMITAS TUS ALTERNATIVAS

Pensar, lo que se dice pensar, pensamos mucho. Ahora bien, una cosa es que ese pensamiento sea de calidad y nos ayude a expandirnos, y otra que provoque todo lo contrario, que nos limite y nos perjudique en nuestro día a día, nuestros objetivos y nuestra vida.

Cuando tenemos un pensamiento expansivo, estamos más creativos, nos sentimos seguros y somos capaces de probar cosas nuevas, aventurarnos y disfrutar de la novedad. Un pensamiento expansivo es un pensamiento adaptativo en el que conectamos con el mundo y exploramos todas las posibilidades que tiene para ofrecernos.

Pero no siempre podemos disfrutar de todo lo que la vida tiene que ofrecernos. A veces nuestro pensamiento es cerrado y nos limita, nos encorseta y nos condiciona a la baja. Es como una especie de jaula mental que no nos permite disfrutar de la vida ni de todas las oportunidades que nos ofrece. Cuando esto pasa, perdemos la perspectiva y pensamos en clave proteccionista, limitando nuestras alternativas y centrándonos en todo lo que no podemos hacer.

El pensamiento que nos limita no nos permite crecer y a menudo utiliza el miedo para dejarnos en una posición inmovilista. Nos deja como paralizados, sin poder ver todas las alternativas que tenemos.

Apunte disruptivo

Cuando tenemos que solucionar un problema, podemos hacer dos cosas: enfocarnos en el problema o en la solución. Cuando nos focalizamos en el problema, nuestro pensamiento es limitante y nos ofusca. En cambio, cuando nos centramos en la solución, nuestro pensamiento se torna más creativo y abierto.
Cuando nos enfocamos en el problema, nos quedamos anclados en todo lo que no podemos hacer, mientras que si nos centramos en la solución somos capaces de despertar nuestro lado más creativo para poder explorar posibles alternativas que nos ayuden a solucionar el problema.

Vamos a centrarnos en el pensamiento que nos limita y encorseta. Mira, lo llamaremos «pensamiento corsé».

Desmontando las trampas de tu mente
No puedo

A veces creemos que no podemos hacer algo, pero en realidad es el método de elección más recurrido cuando nos sentimos inseguros o cuando no queremos realizar un esfuerzo.
Hace unos días iba con un atleta por la montaña. Le tocaba hacer una exigente serie. Me dijo que no podía más. Le ayudé a visualizar que venía una vaca enfadada, porque la verdad es que venía una vaca enfadada. Pues, mira por donde, no solo pudo, sino que mejoró incluso su tiempo. Que creas que no puedes no implica que en realidad no puedas.

Todos somos creativos, todos tenemos capacidad para analizar, para buscar alternativas y pasar a la acción, pero no siempre lo ponemos en práctica. Detrás del pensamiento limitante suele haber varias causas. De hecho, las más frecuentes suelen ser el miedo, la comodidad, la falta de experiencia, la inseguridad, la rigidez cognitiva y las creencias limitantes, bien sean heredadas, adquiridas o impuestas más o menos sutilmente.

De momento vamos a centrarnos en analizar el pensamiento corsé y la rigidez cognitiva.

EL PENSAMIENTO CORSÉ

¿Seguro que tus pensamientos son tuyos? Posiblemente contestarás que sí. «¿Cómo no van a ser míos si se producen en mi cerebro, ese maravilloso órgano capaz de todo?»

Pues no. Rotundamente no. Podemos decir que todos tus pensamientos tienen lugar en tu cerebro, pero no todos tus pensamientos son tuyos, y muy especialmente un tipo concreto de pensamientos: el pensamiento corsé.

El pensamiento corsé suele ser heredado y a veces impuesto de manera más o menos sutil. Trata de imaginar a un joven cualquiera que siempre ha escuchado en casa que no se puede crear un negocio propio, que siempre va mal. O a aquel joven que ha escuchado una y otra vez que no existe el amor verdadero y que lo mejor es no tener pareja. O aquel al que le han dicho que no destaque nunca, que pase desapercibido, que no salga del montón.

Imagínate que le cuentas a tus padres que quieres ser mecánico de coches de competición y te dicen que eso es muy difícil y que ya te lo puedes quitar de la cabeza. Posiblemente, descartarás esa idea y acabarás montando un taller en tu barrio o te pondrás a trabajar en un concesionario oficial de una marca. Pues ¿sabes qué? Yo conozco por lo menos a dos mecánicos de competición, uno de coches y otro de motos, uno muy joven y otro de mediana edad. Y ¿sabes qué? Pues que ambos fueron más cabezones que sus padres y se propusieron llevarle la contraria. Y ¿sabes una cosa más? Pues que ambos son la mar de felices trabajando como mecánicos de competición. Uno integrado en una marca y el otro con un taller propio y prestando sus servicios a determinados equipos y particulares.

Apunte disruptivo

A veces, el pensamiento corsé nace de cómo interpretamos lo que hemos vivido. Hace poco atendía a una persona extraordinaria paseando por el valle de Rialb, cerca del Parc Natural de Sorteny, uno de los tantos valles preciosos de Andorra. Le recomendé que creara un negocio propio. Me dijo que ya había tenido una panadería, pero que no le fue bien y decidió cerrarla. Al analizarlo con más detalle, vimos que la cerró sin deudas, por iniciativa propia, al ver que apareció una competencia con la que no quería ni le apetecía competir. Su pensamiento corsé le decía que como no le fue bien un negocio —aunque en realidad no fuera así—, no le irían bien otros. Lo que el pensamiento corsé no le permitía ver a mi extraordinaria paciente es que el negocio que le proponía no tenía nada que ver con el anterior, que en realidad no fracasó, sino que tomó una decisión muy inteligente, y que el hecho de que un negocio no te haya ido bien no implica ni supone que no te vaya a ir bien otro negocio. Si eres capaz de aprender de lo vivido, te convertirás en una persona más fuerte y con más recursos.

Pero ¿qué vamos a hacer o a creer si nuestra persona de referencia nos dice lo que podemos o no podemos hacer? Pues creerlo a pies juntillas o llevarle la contraria en plan rebelde sin causa.

A menudo solemos dar más notoriedad a los pensamientos de aquellas personas que tenemos cerca o que son un referente para nosotros que a los nuestros propios. Confiamos poco en lo que pensamos nosotros y creemos que los pensamientos de personas a las que admiramos son mejores.

Pero esa admiración ganada a pulso no implica que nuestros admirados referentes sean buenos pensadores. A las personas admiradas se les suele dar bien captar la admiración de los demás, es decir, de manera más o menos sofisticada son capaces de presentarse como dignos de ser admirados y, claro, nosotros caemos en sus redes.

Sin embargo, una vez que depositamos muestra admiración en una persona, desmontamos todas nuestras defensas, filtros y crítica, y damos por bueno lo que piensa, dice y hace, lo cual es un gran error. Nada de admirar, que tras la admiración vienen los pensamientos corsé.

Pero el pensamiento corsé no siempre viene dado por una persona de manera más o menos sutil. A veces somos nosotros solitos los que nos ponemos ese corsé de manera autónoma, por iniciativa propia. Imagínate que no vas tomando decisiones por ahí en función de tus pensamientos sino que las tomas según los pensamientos de otras personas. ¡Qué barbaridad! ¿Verdad? Pues lo haces varias veces al día. Tú crees que tienes el móvil que tienes porque lo has elegido tú, pero no es así ni de broma. Tienes el móvil que tienes porque alguien ha sido más habilidoso que otra persona de la competencia posicionando su teléfono, explicando sus puntos clave y facilitándote la decisión, ni más ni menos.

A veces tomamos pensamientos prestados sin darnos cuenta. Bien lo sabe la publicidad, que nos envía mensajes subliminales o muy bien camuflados que nos despiertan pensamientos que creemos que son nuestros, pero que, de no ser por ese mensaje, no los hubiéramos tenido. Y ahí andamos nosotros creyendo que estamos encorsetados y limitados por no tener el último modelo de smartphone y que nuestra vida no puede seguir siendo rica, plena y abundante si no tenemos ese teléfono de última generación con una cámara de fotos hipermegachula.

Cada día, varias veces al día, nos encontramos con situaciones, proclamas, anuncios, noticias, mensajes y personas que pretenden que pensemos como ellas y que dejemos de pensar como lo haríamos nosotros. Algunas de estas personas o situaciones son muy burdas, pero las hay realmente sofisticadas.

Apunte disruptivo

El miedo y la inseguridad son las puertas de entrada para inocularte pensamientos. Cuando nos sentimos inseguros, estamos más receptivos a las aportaciones de las personas en las que hemos depositado nuestra confianza. No hay nada como generarte inseguridad para luego darte esa seguridad que necesitas... Una vez has bajado tus defensas, cualquiera que cuente con tu confianza podrá influir en ti sin duda. A aquel en quien depositamos la confianza le abrimos nuestro pensamiento sin juicio crítico y sin defensas. Quiero que ganes en independencia cognitiva, puesto que te va a ayudar a pensar más por ti y menos por otras personas. No lo olvides: si tu no piensas, otros lo harán por ti.

Apunte disruptivo

Hace nada traté a un chico de dieciocho años por consumo de alcohol y cannabis. Gracias al ysiísmo vi que sus padres tenían un trastorno de ansiedad generalizada, con lo que la vida en casa había sido muy tensa y esa ansiedad había conducido a un bajo rendimiento escolar y a una incapacidad para concentrarse.
En el colegio lo habían derivado a un psicólogo, que lo diagnosticó de TDA y a su vez lo derivó a un psiquiatra, que empezó el tratamiento con un derivado de la anfetamina. Un niño con TDA, tú, yo y cualquiera mejora su rendimiento con una anfetamina diaria. Mejoró, ¡cómo no!, por lo menos en lo referente al rendimiento. Pero a pesar de su mejora académica, su nivel de ansiedad no bajaba (claro, cómo iba a bajar con una anfetamina al día en el cuerpo). Todo llegó solo: desesperado, el joven descubrió que el alcohol y la marihuana le relajaban. El chico estaba más tranquilo, pero se deprimió como consecuencia de las dos adicciones. Que no pasa nada con los porros dicen... Tendría bastantes cosas que decir al respecto.
Una vez el ysiísmo me ayudó a recomponer la historia, probamos lo siguiente. Dejamos la anfetamina, pautamos un antidepresivo para estabilizar el estado anímico y un tratamiento ansiolítico de base y, voilà, ¡ocurrió el milagro! Todo mejoró. Si no hubiera sido por mi empeño en aplicar el ysiísmo en mis procesos diagnósticos, no sé qué habría sido de él. A día de hoy ha dejado el alcohol y las drogas. Ya es licenciado y está trabajando de lo que ha estudiado.

Pues a las seis de la mañana he bajado a la cocina dispuesto a prepararme el capuchino y al abrir la nevera, he cogido por error un brik de leche de arroz. Bueno, tendríamos que valorar si hay que llamarlo «leche» o «bebida vegetal». El caso es que cuando estaba a punto de verterla en la taza, he visto que no era leche de vaca. La he ido a tapar, pero he pensado: «¿Y si le pongo leche de arroz?». Pues nada, le he puesto leche de arroz y genial. Me ha sentado genial, le ha dado un gusto diferente y, en definitiva, me ha gustado el experimento.

Varias veces al día, siempre que puedo, practico el ysiísmo: «¿Y si voy por este camino». «¿Y si pruebo este tipo de pan?» «¿Y si le propongo tal proyecto a tal persona?» «¿Y si escribo un libro?» «¿Y si me invento un asistente virtual para tomar decisiones?» «¿Y si diseño una web para que la gente pueda obtener un psicodiagnóstico con los test más avanzados del mercado desde su casa?» «¿Y si recorremos Europa en autocaravana?» «¿Y si puedo mejorar la vida que tengo?» «¿Y si no tiene razón?» «¿Y si hay otro punto de vista?» «¿Y si es mentira?» «¿Y si es verdad?»... A lo largo de mi vida tengo miles o millones de «y si...», y lo mejor de mi vida ha pasado después de un ysiísmo.

Pero analicemos con detalle las ventajas del ysiísmo. La primera de ellas es que nos permite desbloquear situaciones que están estancadas. Cuando nos centramos en el problema, acabamos por no ver nada más que el problema. Los problemas bloquean y limitan. En cambio, si nos centramos en la solución, activamos todos nuestros recursos para llegar a buen puerto. El ysiísmo nos permite desbloquear un problema, ya que actúa como motor de arranque para buscar nuevas y creativas soluciones, como me ha pasado a mí esta mañana con la leche de arroz. Sí, ya sé que los italianos me van a denunciar por sacrilegio al sacrosanto arte de tomar capuchino, pero, oye, me ha sentado la mar de bien.

Después me he puesto a trabajar en mi despacho y cuando ha salido el sol, he visto que entraba por la ventana hasta tocar la mesa de mi pareja. «¿Y si me cambio de mesa un rato y disfruto del sol calentándome la espalda?», he pensado. Dicho y hecho. He disfrutado de la cálida caricia del sol durante un buen rato.

A menudo tenemos más alternativas de las que creemos, pero si no nos damos la oportunidad de utilizar el ysiísmo, ni tan solo nos pararemos a considerarlas. No lo dudes, el ysiísmo es tu mejor arma para ganar flexibilidad cognitiva y para liberarte del corsé cognitivo que está oprimiendo tu vida y no te permite vivir bonito.

No hay trabajo. «¿Y si me lo busco yo mismo mediante candidaturas espontáneas?» Necesito una vida más estimulante. «¿Y si empiezo una nueva aventura escribiendo libros?» «¿Y si mi relación de pareja pudiera ir mejor?» «¿Y si pudiera reconectar con mis hijos?» El ysiísmo es la piedra angular que lo desbloquea todo. No lo dudes. Si quieres vivir bonito, ya puedes ir tirando de ysiísmo.

Mira, justo esta mañana estaba impartiendo una charla en un instituto. Tenía que proyectar vía Apple TV, pero la conexión fallaba mucho y se cortaba. En vez de centrarnos en el problema, he puesto en práctica el ysiísmo. «¿Y si me conecto con otro dispositivo?» Entonces he probado con el teléfono. Nada, tampoco iba bien. Pues otro ysiísmo. «¿Y si busco otra opción? ¿Y si me conecto por cable?» Pues mira, hemos buscado un adaptador, un cable y finalmente la proyección ha ido genial. Así que ya lo sabes, cuenta con el ysiísmo y aplícalo tantas veces como puedas, desde la leche de arroz hasta tu relación de pareja. El ysiísmo es genial para solucionar problemas, al focalizarte creativamente en la solución en vez de focalizarte limitadamente en el problema.

El ysiísmo también es una magnífica opción para encontrar nuevos recursos. En este caso, además, yo suelo utilizar «en vez de». Probemos a unir ambas partes: «Y si... en vez de...». Aquí tenemos la fórmula magistral para encontrar nuevas alternativas. «¿Y si vamos de vacaciones en furgoneta en vez de ir a un hotel?» «¿Y si como más verdura en vez de pasta?» «¿Y si desayuno algo más sano en vez de bollería?» «¿Y si llamo a mi ex pareja en vez de utilizar a los niños?» «¿Y si busco un nuevo trabajo en vez de quejarme del que tengo?» «¿Y si miro de dar un giro a mi relación en vez de tener un amante?» «¿Y si estudio algo nuevo en vez de quedarme estancado en el trabajo?

Tan genial como sencillo. «Y si... [coloca aquí la alternativa], en vez de... [coloca aquí la realidad no deseada].»

El ysiísmo nos permite expandir nuestros horizontes y tener una nueva visión del mundo y de nuestras posibilidades, reduciendo lo más complejo a lo más simple.

El ysiísmo también es un potente impulsor. Cuando lo reducimos todo a una alternativa, a una opción, a una posibilidad, disipamos muchas de nuestras dudas y nos vemos capaces de dar ese el paso.

Desmontando las trampas de tu mente
Conmigo es diferente

Solemos considerarnos más especiales de lo que realmente somos. Somos bastante comunes y ordinarios. No te vayas a creer especial. Lo que te pasa a ti le pasa a millones de personas en todo el mundo y lo que es válido para millones de personas también lo es para ti.

Tener que explicarle a tu pareja que llevas seis años liado con tu secretaria, malvender la casa que compraste a precio de oro, organizar la vida con los niños y mil cosas más nos frenan y nos dejan anclados en la comodidad de la mentira.

miedos como todo el mundo, pero que soy valiente, muy valiente. Aunque ahora que lo pienso bien y con otra perspectiva, quizás la diferencia es el uso del ysiísmo.

En definitiva, se trata de estimular tu pensamiento más allá de los límites de tu mente, de contemplar nuevas posibilidades, de ver nuevos mundos por explorar, de encontrar nuevos caminos que recorrer. ¿Y si te atreves a probar el ysiísmo? ¿Y si te unes al club de los ysiístas?

No lo olvides...

- No todo lo que pensamos es de calidad, ni acertado, ni cierto.
- Algunos pensamientos nos limitan y perjudican.
- Necesitamos adoptar un pensamiento expansivo para sentirnos más seguros y capaces.
- Todos podemos ser creativos.
- No todos tus pensamientos son tuyos.
- Solemos heredar el pensamiento corsé.
- La manera en la que interpretamos lo que hemos vivido o lo que estamos viviendo nos puede encorsetar.
- Solemos dar más notoriedad a los pensamientos de aquellas personas que tenemos cerca o que son un referente para nosotros.
- El pensamiento corsé puede venir impuesto más o menos sutilmente, pero también podemos adoptarlo nosotros solitos.
- Que algo pase en tu cabeza no significa que sea tuyo.
- El miedo y la inseguridad son la puerta de entrada para inculcarte pensamientos corsé.

- Con el tiempo perdemos flexibilidad cognitiva y nos volvemos más rígidos.
- De la misma manera que la flexibilidad física se entrena, la flexibilidad cognitiva también se puede entrenar.
- La base del movimiento ysiísta es buscar alternativas de pensamiento para no quedarte en lo fácil ni en lo evidente.
- El ysiísmo te ha de resultar de gran ayuda para…
  1. Desbloquear situaciones que estaban estancadas.
  2. Aprovechar más las oportunidades que se te presentan, así como para crear nuevas oportunidades.
  3. Ver más alternativas que las evidentes.
  4. Encontrar nuevos recursos.
  5. Expandir horizontes.
  6. Tener una nueva visión del mundo y de nuestras posibilidades.
  7. Impulsarte a la acción.
  8. Llegar a nuevas conclusiones.
  9. Encontrar nuevos caminos y alternativas.

CAPÍTULO 6

CREES TODO LO QUE PIENSAS

Tienes un serio problema y es que confías más en tu pensamiento que en la realidad. Solemos confundir opiniones con hechos, intenciones con acciones o deseos con realidades, y cuando no tenemos claro de qué va el tema, hay una máxima: ir de cabeza a la realidad y partir de las pruebas y los hechos.

Esto que parece muy sencillo suele ser uno de los principales quebraderos de cabeza de mis clientes. La gente opina, pero eso no significa que tenga razón. Sin ir más lejos, yo tuve una profesora que opinaba que yo no servía para estudiar, un entrenador que creía que yo no corría bien y una jefa que me dijo que nunca llegaría a nada en la vida como psicólogo. Menos mal que soy un desvergonzado incrédulo que rinde honor a su apóstol Santo Tomás, que si no, ni me hubiera sacado una carrera, ni habría corrido ultramaratones, ni hoy estaría aquí sentado escribiendo este libro.

Sin embargo, al común de los mortales estas opiniones les caen como sentencias que acaban condicionando su vida, su trabajo, lo que sienten y lo que piensan. Padres, profesores, tíos, abuelos, compañeros, amigos, supuestos amigos, enemigos y, en resumen, todo el mundo en general, se cree con el derecho a opinar libremente sobre nosotros.

Bueno, tienen el derecho, ¡cómo no!, pero nosotros también tenemos el derecho de ignorar completamente lo que han dicho de nosotros. De hecho, te animo a que no te creas todo lo que dicen de ti.

Apunte disruptivo

No somos conscientes de cuando estamos pensando en base a opiniones, a visiones sesgadas o a pensamientos irreales. Esta falta de consciencia es el primer escollo que debemos superar para poder pensar bonito.

Escribo este libro en plena pandemia de la COVID-19. Quizás, cuando leas este libro, no sepas de qué se trata. Eso será una buena señal, en primer lugar porque habrá hecho mucho tiempo que habremos superado la pandemia y, en segundo lugar, porque mi libro seguirá en circulación y no se habrá descatalogado.

Bueno, el caso es que esto de la pandemia de la COVID-19 es algo nuevo para todos y todo el mundo está haciendo lo que puede para descubrir una vacuna, un tratamiento o algo que frene a este virus que nos está cambiando la vida.

Apunte disruptivo

Hablemos claro. Para defender una postura o ganar en credibilidad no basta con que algo esté basado en datos. Esos datos deben cumplir algunas condiciones. Para empezar, deben ser datos reales válidos y fiables. A veces cometemos errores al recopilar los datos, realizamos demasiadas inferencias o incluso los manipulamos mal.

Estos días se escuchan muchas opiniones sobre las diferentes vacunas que se han desarrollado. Algunas de esas opiniones están fundamentadas en datos objetivos, pero también hay otras basadas en datos manipulados, en datos sacados de contexto e incluso en datos parciales. Por supuesto, también hay opiniones que no están respaldadas por ningún dato en absoluto y tienen su fundamento en datos falsos o incluso en datos que no tienen nada que ver con la pandemia.

A menudo solemos dar más peso a las opiniones que a los hechos. Mira, ahora mismo ha empezado el proceso de vacunación contra la COVID-19 y ya tenemos el debate servido con una de las vacunas que ha provocado algunos trombos. Si sacas de contexto el hecho, lógicamente, nadie quiere sufrir un trombo por ponerse una vacuna. Pero si vas a los datos, podrás ver que la proporción de trombos es de cero coma muchos ceros y un tres al final, es decir, apenas una veintena de casos entre varios millones de dosis.

Yo puedo creer que me tocará la lotería, pero si voy a las pruebas, a la realidad, todo lo que tengo es un décimo de los cerca de cien millones de décimos que se han vendido. Así que, según la cruda realidad, mi probabilidad de hacerme rico jugando a la lotería es de 1/100.000.000 más o menos. Si lo pienso así, la cosa cambia. A veces podríamos pensar, simplemente así, en genérico. Bueno, disculpa la broma, a veces podríamos pensar que si compro varios números, aumenta mi probabilidad de que me toque la lotería. Sí, claro, sin duda. Vamos a ver. Vamos a imaginar que has comprado cien números. ¡Cien! Pues la probabilidad de que te toque la lotería sigue siendo ínfima: 100/100.000.000. Vamos, ridícula. Mi percepción es que al comprar cien boletos, estoy multiplicando por cien las opciones de ganar la lotería, lo cual es cierto, aunque parcialmente. La probabilidad de que ganes la lotería es tan baja que aunque la multipliques por cien o por mil, es muy difícil que llegues a ganarla, resultando ser una pésima inversión.

Desmontando las trampas de tu mente
Conmigo es sincero

Querida, querido, si tu amante está engañando a su pareja, dime un solo motivo por el que tú estés a salvo de que te esté engañando a ti también. A menudo, las personas infieles suelen tener varias parejas en danza y cuando se descubre el pastel, suele dejar un extenso rastro de dolor y de traición en varias o varios amantes.

Tenemos que dejar una cosa clara antes de seguir con este tema. Las pruebas son pruebas, no son muestras tendenciosas sacadas de contexto para confirmar lo que pienso, quiero o deseo. Uno de los sesgos que más me preocupa llegado este punto es el del falso consenso.

A veces pensamos que lo que creemos o pensamos está más extendido en el resto de la población de lo que realmente está. A este sesgo de pensamiento se le conoce como «falso consenso» y las redes sociales son el lugar donde más podemos observar este fenómeno. Recuerdo las elecciones de Estados Unidos que ganó Trump. Si leías Twitter, estaba claro que Trump no iba a ganar, que su rechazo era total y que su paso por las elecciones era anecdótico. En cambio, la realidad fue clara. Ganó Trump y nadie se lo podía creer. Muchas personas decían que la red social era un mundo desconectado del mundo.

Quizás sí. Lo cierto es que en las redes sociales podemos escoger a nuestras amistades mucho más fácilmente que en la vida real. Por otro lado, también podemos escoger el diario que leemos, las noticias que queremos ver, así como el resto de información, sea importante o no, que nos llega.

Y ¿qué hacemos? Pues aplicar nuestro sesgo de falso consenso a lo loco. Elegimos a nuestros amigos y contactos en función de sus ideas; bueno, en función de que sus ideas sean parecidas a las nuestras. Si somos de derechas, no tenemos amigos de izquierdas; si somos animalistas, no tenemos amigos pro taurinos; si somos deportistas, no tenemos amigos foodies. Y así, de esta manera tan natural y frecuente, vamos formándonos una idea del mundo a partir de una red social (real o virtual) que pasa a ser nuestro todo, nuestro referente, nuestra fuente de información y nuestro contacto con el mundo.

Al ser tan selectivos, nos desconectamos de toda una parte importante de la realidad. Vamos a ver, también pasa en el mundo real, en el no virtual. Vivimos en un barrio, vamos a un colegio determinado, nuestros amigos son del barrio, del colegio, de la universidad o del trabajo, y acabamos rodeados de personas que piensan como nosotros, creyendo que es lo más habitual.

Si solo tenemos amigos que piensan como nosotros, acabaremos pensando que nuestra visión u opinión es mucho más frecuente de lo que realmente es. En consonancia, nos formaremos una idea determinada del mundo, nos sentiremos más seguros, y todo eso tengamos razón o no.

No te voy a proponer que te castigues teniendo amigos diferentes a tus prioridades y valores, pero sí te animo a que puedas tener fuentes de información variadas para poder adoptar otros puntos de vista o, en todo caso, tener una valoración más objetiva del mundo y de la actualidad.

Pero volviendo a los datos, mi mejor consejo es que te centres en los datos y no en su interpretación. Los datos crudos, tal cual salen, sin filtros. La realidad más dispar, abordada desde diferentes puntos de vista. La realidad desnuda, la que te gusta y la que no te gusta, con todas sus ventajas e inconvenientes.

Los datos son muy importantes, son la base de todo. Cuando tomamos decisiones sobre impresiones, creencias u opiniones, corremos un gran riesgo. Si las tomamos sobre sensaciones, pues ya te puedes imaginar. Y lo mismo aplica para intuiciones, visiones, delirios y alucinaciones varias. Lo mejor que puedes hacer, no lo dudes, es decidir siempre a partir de datos y pruebas.

Apunte disruptivo

Nunca me cansaré de repetirlo: no puedes confiar a ciegas en tu intuición. Si piensas bien, tu intuición tiene una mayor probabilidad de ser buena, pero si piensas mal, tu intuición no será buena por arte de magia. La intuición no es ni más ni menos que un pensamiento muy rápido que ha seguido un circuito no consciente. Por otro lado, a pesar de que en general pienses bien, si, por ejemplo, tienes una baja autoestima, las intuiciones que tengas relacionadas con la autoestima estarán en consonancia con tus creencias, de tal manera que interpretarás esa mirada de tu interlocutor como un juicio, ese movimiento de ceja como desaprobación y ese comentario como una indirecta, todo para confirmar esa baja autoestima que sientes.

INCERTIDUMBRE, PROBABILIDAD Y CERTEZA

Podemos decir que hay tres tipos de decisiones según tengamos una determinada disponibilidad de datos. El primer tipo se da en un escenario de incertidumbre, cuando en realidad no tenemos datos ni sabemos qué pasará. Tomar una decisión en un escenario de incertidumbre es muy complicado. Cada vez que hacemos un regalo de cumpleaños a una persona que no conocemos bien, nos estamos moviendo en un terreno de incertidumbre. No sabremos si lo que le vamos a regalar le gustará o no, si ya lo tiene o si es algo que le encantará.

Pero también tomamos otro tipo de decisiones, aquellas que se dan en un contexto de certeza. ¿Qué quieres para cenar, carne o pescado? Aquí tenemos todos los datos que necesitamos, tan solo tenemos que elegir. La certeza está clara, cenaremos pescado o carne, no hay lugar para la improvisación o el cambio.

Finalmente, también tenemos un tercer escenario para las decisiones que tomamos a diario y que engloba a todas aquellas en las que no tenemos una certeza absoluta, pero disponemos de algo de información que nos ayuda a definir unos escenarios u opciones; por ejemplo, cuando jugamos a la lotería. Sabemos que la probabilidad de que nos toque la lotería es directamente proporcional al número de boletos que compremos, teniendo en cuenta el número total de boletos emitidos para el sorteo.

Apunte disruptivo

Uno de los sesgos que se pueden ver en el juego es la creencia de que va a salir un número u otro en función de los números que hayan salido antes. Por ejemplo, si tirando un dado ha salido el número seis tres veces de cinco, creeremos que es más probable que vuelva a salir el seis, cuando en realidad esos datos no guardan relación con el comportamiento del dado ni con las probabilidades de aparición de un determinado número.

Este tipo de decisiones se dan en el terreno de la probabilidad, no de la certeza. Por ejemplo, si volvemos al ejemplo de la lotería, aunque tengamos el cincuenta por ciento de las papeletas, ello no implica que nos vaya a tocar seguro. Es más, incluso teniendo el noventa por ciento, seguimos sin tener la certeza de que nos vaya a tocar la lotería. Cualquier juego de azar se basa en decisiones enmarcadas en el contexto de probabilidad.

Pensamos muy mal en términos de probabilidades y nos interesaría pensar mucho mejor, no lo dudes. A veces confundimos lo posible con lo probable, a menudo incrementamos la probabilidad de ocurrencia de algo de manera subjetiva, como cuando creemos que nos darán ese ascenso, y en otras ocasiones disminuimos la probabilidad de ocurrencia, como cuando pensamos que no pasa nada por fumar, por circular con exceso de velocidad o por liarnos con una persona del trabajo siendo infieles a nuestra pareja. El tema está claro: si fumas, por cada cigarrillo estás incrementando la probabilidad de enfermar; si corres con el coche, por cada minuto que estés circulando con exceso de velocidad estarás incrementando la probabilidad de perder el control, y cuando te lías con alguien del trabajo, estás incrementando la probabilidad de que tu relación de pareja fracase.

Busca pruebas mejor que pensamientos

Ya sabemos que nuestros pensamientos nos juegan malas pasadas. Ahora que ya hemos asumido que nuestra mente nos puede engañar, necesitamos algo que nos permita ganar algo de objetividad.

Cálmate, tenemos una solución para no creernos todo lo que pensamos: buscar pruebas en vez de pensamientos. Pero antes de entrar al detalle permíteme que comparta contigo un ejemplo personal. Algunos episodios quedan marcados en nuestra mente para siempre, concretamente en lo que llamamos «memoria autobiográfica», el lugar en el que quedan guardados aquellos recuerdos que han supuesto un elevado impacto emocional en nuestra vida o que han sido especialmente relevantes o significantes. Jamás olvidaré un episodio que me provocó una profunda incomprensión.

Debía de tener unos trece o catorce años. Llegué a casa súper feliz con un papel en las manos. Era una circular del colegio donde nos indicaban que en unas semanas iban a programar una excursión a la nieve, concretamente a esquiar y a hacer actividades en el Pirineo. Yo no había ido nunca al Pirineo, ni había visto la nieve, y la verdad es que la idea me atrajo de inmediato. Quién le iba a decir a aquel Tomás adolescente que acabaría viviendo en el Pirineo y teniendo el jardín lleno de nieve durante varios meses... Bueno, que me despisto. El caso es que me hacía mucha ilusión aprender a esquiar y pasar unos días en la nieve.

La respuesta de mi madre fue tajante y clara: «No». Un no rotundo y seco, sin opción a ser cuestionado. Siempre me he caracterizado por pedir una razón, un motivo ante la negativa, y eso hice.

—¿Por qué no? —pregunté.

—Pues porque hay grietas en las que te puedes caer y desaparecer.

Tengo que confesar que así, de primeras, me pareció una buen razón. Yo no quería desaparecer en una grieta. Recuerdo haber visto algo sobre grietas en los Alpes en un documental. También recuerdo haber leído algo sobre grietas en algún libro de la biblioteca de mi colegio, y si una cosa tenía clara, es que solían quedar tapadas y que si te caías, el rescate era muy complicado.

Pasado un rato, analicé que había visto algo sobre grietas en los Alpes y en el Himalaya, pero no había visto nada sobre grietas en el Pirineo, lo que disparó mi mente inquieta altamente motivada a darse un viaje a la nieve. Seguí pensando y pensando, y llegué a la conclusión de que mis profesores, expertos montañistas, no montarían una excursión con niños a un lugar donde hubiera grietas y pudieran ir desapareciendo los niños así a lo loco.

Se hizo de noche y seguí dándole vueltas a mis pensamientos. ¿Acaso mis profesores eran unos temerarios descerebrados? No lo creo. ¿Quizás mis padres no conocían bien el Pirineo? Pues no podía afirmarlo con seguridad, pero lo cierto es que nosotros juntos no habíamos ido nunca al Pirineo. Recuerdo que la noche se me hizo larga.

A la mañana siguiente hablé con el hermano Valeriano, mi profesor de octavo de EGB, que tenía todo mi respeto y admiración. Le expliqué lo que pasó en casa y mis razonamientos, y me confirmó muy amablemente que por lo menos en la zona a la que iríamos nosotros no había el más mínimo peligro, ni remotamente, de caer en una grieta. Me contó que en el Pirineo apenas quedaban una docena de glaciares y que, ciertamente, había algunos con grietas, pero que ninguno de esos glaciares era un dominio esquiable y que podía decirles a mis padres que podía ir a esquiar bien tranquilo.

Volví a casa corriendo, al final de las clases, para decirle a mis padres lo que me contó mi profesor. Recuerdo la respuesta. «Tu profesor se equivoca. No puede estar completamente seguro de que no hay grietas. Están tapadas por la nieve y no se pueden ver.» De nuevo era un argumento que parecía racional y correcto, pero que era totalmente erróneo por estar descontextualizado.

¿Hay glaciares con grietas en el Pirineo? Sí. Ojalá hubiera más. ¿Iban a ir a esquiar con niños a una zona de grietas? Pues no, iban a una estación de esquí totalmente controlada.

Bueno, al final no fui a esquiar ni a pisar la nieve. Más adelante, ya con mi propio coche, decidí ir a ver qué era eso tan peligroso que, según mis padres, era la nieve. No sé si me lo dijeron porque no tenían ganas de que fuera a esquiar o porque creían firmemente en lo que me decían. Ahora ese matiz carece de importancia. El caso es que se formaron una imagen de una situación y basaron su pensamiento en esa imagen. Y esa imagen no estaba fundamentada en datos, ni en la realidad, ni tan solo en la observación directa. Esa imagen había salido de algún documental y habían generalizado esa información a todo lo que fuera nieve y montaña.

Ese es el problema. Eso es lo que pasa cuando tomas decisiones basadas en pensamientos en vez de en pruebas. A mis cuarenta y siete años, puedo decir que he pasado horas y horas en el Pirineo en la nieve y jamás he corrido el riesgo de caer en una grieta. También he pasado horas y horas en los Alpes, encordado y con un dispositivo especial de rescate por si caía en una grieta y la verdad es que nunca lo llegué a estrenar. Incluso he pasado horas y horas en los Andes y, de nuevo, ni una sola caída en una grieta.

Así que si haces predicciones, deducciones o inducciones, siempre es mejor que sea a partir de datos en vez de pensamientos.

No vale cualquier dato

El mundo está repleto de datos y siempre es mucho mejor que basemos nuestros análisis en datos que en impresiones, pero, eso sí, los datos tienen que ser fiables y válidos. Vayamos por partes. Que sean fiables implica que son datos en los que podemos confiar, es decir, que miden lo que tienen que medir, que nos dan una información correcta y que son estables en el tiempo. Imagínate que un minuto durara a veces 60 segundos y otras veces, 70. No sería un dato fiable para calcular nuestro tiempo.

Que sean datos válidos supone que nos resultan de utilidad, ya que representan aquello que queremos ver. Si, por ejemplo, queremos saber cuánto pesamos, el dato válido es el peso, pero si queremos saber si estamos en nuestro peso ideal, con el peso por sí solo no tenemos la información que necesitamos. Posiblemente tengamos que añadir la estatura, la edad, o simplemente cambiar de dato y valorar otros datos más válidos para conseguir nuestro objetivo, que será el índice de masa corporal o el índice de grasa, o qué sé yo qué dato es exactamente; para eso están los nutricionistas. Por cierto, como con todo, si tienes que perder peso, ponte en manos de un profesional competente.

Apunte disruptivo

Trabajo asesorando a directivos y a equipos de trabajo, y hay una máxima que he visto varias veces: el Excel lo aguanta todo. Esta expresión se refiere a que dependiendo de los datos que elijas, de su presentación y de su manipulación, cualquier proyecto puede ser maquillado. Me he encontrado con grandes fiascos por culpa de personas que han presentado a su superior o a su equipo unos datos que no se correspondían con la realidad, a veces por un error e ingenuidad, y a veces por la peor de las intenciones.

Como acabas de ver, hay algunos requisitos para que esos datos en los que tienes que basar tu decisión sean fiables y válidos. No vale cualquier dato. Que no te dé seguridad el mero hecho de tener datos, ya que si basas tus decisiones en datos erróneos, tus conclusiones, expectativas y planes también serán erróneos.

Pongamos un ejemplo práctico. Trata de imaginar que tienes que tomar una decisión y que le solicitas a tu interlocutor una serie de datos. Si no te los quiere proporcionar, el tema está claro: no le interesa que los tengas. Recuerdo una llamada de una compañía de seguros que me ofrecía un seguro muy ventajoso. Se trataba de una oferta inmejorable. Le dije que me parecía genial, pero que si me podía enviar por correo electrónico las condiciones del contrato. La amable comercial al otro lado del teléfono cambió ligeramente su tono y me dijo que no era posible. «¡Pero bueno! ¿Cómo voy a tomar una decisión sin datos?» Pues algo que parece tan lógico y normal como es seguir la máxima de no tomar ninguna decisión sin datos suele ser la práctica habitual para miles y miles de personas.

Entonces ¿por qué tomamos decisiones sin datos basándonos en nuestras impresiones, en lo que creemos o en lo que deseamos en vez de en la realidad? Sin duda hay varias razones. A veces no somos conscientes de que carecemos de datos, es decir, creemos tenerlos, pero en realidad no los tenemos. A veces somos conscientes de que nos faltan datos, pero no tenemos otra alternativa. A veces simplemente ignoramos que podemos tener datos, y en algunas ocasiones no sabemos dónde encontrarlos.

Pero a veces el problema no es que carezcamos de datos, sino que tenemos datos pero no son buenos. En otras ocasiones tenemos datos buenos, pero no confiamos en ellos. A veces tenemos datos que contradicen lo que nos gustaría y decidimos descartarlos. Y en ocasiones tenemos datos malos, y somos conscientes de ello, pero creemos que es mejor que no tener datos.

Como has podido ver, el tema no es banal, ni sencillo ni fácil. Me interesa que te quedes con dos conclusiones. La primera es que siempre es mejor tener datos y basar en ellos tus decisiones. Si no los tienes, no pasa nada, dedica un tiempo a buscarlos. La segunda es que tienes que asegurarte de que esos datos son buenos, fiables, representativos y válidos.

Tomar decisiones a partir de pruebas basadas en la realidad

Vamos a centrarnos en algo que hacemos varias veces al día, cada día: tomar decisiones. Podemos tomar decisiones a partir de la realidad y de los datos, o bien a partir de impresiones, predicciones o sensaciones. De una manera tomaremos buenas decisiones, pero de la otra no.

Nuestra vida es un cúmulo de decisiones, de las que hemos tomado y de las que no hemos tomado, de las que nos hemos atrevido a tomar y de las que hemos pospuesto. Nuestra vida, nuestro presente y nuestro futuro es el resultado y el fruto de nuestras decisiones, de nuevo de las que tomamos y de las que dejamos de tomar.

El planteamiento de una decisión es clave, pero solemos cometer un error: mezclar nuestros objetivos, prioridades y valores en el proceso de toma de decisiones. Si recuerdas lo comentado más arriba, la mayoría de nuestras decisiones se da en un terreno de incertidumbre, un terreno que nos obliga a hacer cálculos de probabilidades que acaban determinando las alternativas que contemplamos y las que descartamos, las consecuencias que tenemos en cuenta y las que ignoramos y, cómo no, la calidad del resultado de nuestra decisión.

Apunte disruptivo

Cuando ayudo a una persona a tomar decisiones, a analizar su vida o a realizar algunos cambios, suelen pasar dos cosas. La primera es que siempre hay excepciones: «Mira, Tomás, hablamos de todo menos de la pareja», o del trabajo, o de cualquier área en concreto en la que no se encuentra cómoda y que suele ser «EL ÁREA», el lugar donde reside todo el problema, el eje sobre el que tiene que pivotar toda su vida.

La segunda es que esa persona espera encontrar fuera algo que le permita no tener que conectar con lo que siente y lleva tanto tiempo negando. Esa pareja que ya no funciona, ese trabajo que ya no motiva, esos hijos que ya son mayores, ese cuerpo maltratado y abandonado...

El cambio siempre empieza desde dentro, a veces con la ayuda de una persona que te da herramientas y te guía para focalizar tus esfuerzos, pero, querida, querido, lo que lleves en tus ojos es lo que verás.

¿Te ha pasado? ¿Te identificas con lo anterior? ¿Qué necesitas tener en tu mirada?

La toma de decisiones está basada en las expectativas que tenemos sobre lo que va a pasar en un futuro y en la evaluación de las consecuencias de dichos acontecimientos en función de nuestras prioridades, valores y objetivos.

Apunte disruptivo

Solemos ser muy tendenciosos en el planteamiento de nuestras decisiones. Voy a recuperar el archirrecurrido ejemplo de la lotería. No es que me haya propuesto que no compres lotería, tan solo que seas consciente de que podrías invertir mejor tu dinero.

¿Cómo planteamos la decisión de comprar lotería? Pues así: «Voy a comprar un número de lotería a ver si me toca y así tengo una alegría». ¿Cómo deberíamos plantearnos la decisión de comprar lotería? Pues así: «La probabilidad de que me toque la lotería es tan ínfima que mejor invierto esos veinte euros en un curso online sobre algo que me ayude a mejorar mi desarrollo profesional y así poder pedir un aumento de sueldo. A efectos prácticos, si quiero aumentar mis ingresos, es mucho más probable que lo consiga con un aumento de sueldo que con la lotería».

Si todavía no te he convencido, no pasa nada. Trata de recordar cuánto dinero te has gastado en lotería a lo largo de tu vida y cuánto dinero has ganado.

Hay otra fase de la toma de decisiones en la que nuestro proceso de pensamiento puede jugarnos una mala pasada: cuando llega el momento de generar diferentes alternativas. El proceso de generación de alternativas, en cantidad o en calidad, estará condicionado por aspectos como nuestros conocimientos, nuestra experiencia vital, los factores socioculturales que nos condicionan o nuestros valores, prioridades y objetivos, así como por la calidad de nuestro proceso de pensamiento. Además de estos factores, también sufrimos o gozamos de la influencia de factores con un carácter más situacional, como la fatiga, el sueño, el miedo o el hambre. En función de todos estos factores, acabaremos considerando y descartando algunas alternativas para nuestra decisión.

Pero permíteme que comparta contigo un nuevo dato. Diversas investigaciones han confirmado que nuestro cerebro es comodón, como ya habíamos comentado, y tiende a ignorar aquellos datos que requieren un esfuerzo por nuestra parte. Así solemos ignorar aquellos datos que tienen que inferirse, transformarse o incluso recuperarse de la memoria.

Por ese motivo, si quieres vender algo, sea un producto o una idea, siempre es mejor que acompañes tus argumentos con datos accesibles y comprensibles. No digas que el jardín de una casa es grande, di mejor que es «como un campo de futbol». No digas que el robot de cocina es útil, mejor di que «dedicando cinco minutos puedes tener una crema de verduras y un pescado al vapor súper sabroso».

Apunte disruptivo

Cuando evaluamos alternativas, analizamos dos elementos: la probabilidad de ocurrencia de cada una de ellas y las consecuencias que pueden esperarse. Sin embargo, las estimaciones de probabilidad que realizamos son la principal fuente de error en nuestras decisiones, ya que vienen determinadas por ciertos heurísticos y sesgos que a su vez influyen en la elección de alternativas. Por ejemplo, tenemos identificado el principio de Pollyanna, según el cual tendemos a sobrestimar las probabilidades de las opciones más deseables y a subestimar las menos deseables. Las alternativas, en definitiva, son beneficiosas o no en mayor o menor grado, y ahí en esa estimación es donde solemos equivocarnos más a menudo.

Pero volvamos a las decisiones. Una decisión es una respuesta a una situación en la que existe más de un curso posible de acción. No basta con ser un experto en la materia para tomar una buena decisión; tenemos que ser, además, expertos en el proceso de toma de decisiones. De hecho, se han cometido grandes errores en la toma de decisiones por parte de grandes expertos en la materia. Asimismo, un experto en el proceso de toma de decisiones no puede tomar buenas decisiones si desconoce el área o la materia de la decisión a adoptar. Podemos afirmar que una buena decisión requiere un experto en la materia que disponga de buena información y de un experto en la toma de decisiones que controle el proceso para poder ir identificando los diferentes sesgos y errores. La buena noticia es que ambas habilidades se pueden aprender.

Al final acabamos eligiendo lo que creemos —y subrayo «creemos»—, que tendrá el máximo valor en los resultados que esperamos; una vez más estamos estimando. Ese factor de utilidad esperada es muy subjetivo, es decir, depende de las necesidades de cada uno. Es posible que durante una temporada des más utilidad al tiempo y en otro momento de tu vida, al dinero. Cada uno tiene sus prioridades. Yo, por ejemplo, no le daría utilidad a algo tan precioso como un deportivo. En cambio, un todoterreno tosco o una furgoneta equipada tienen mucha más utilidad para mí.

Apunte disruptivo

La utilidad de una alternativa depende de cada uno. Por eso es tan complicado aconsejar bien a una persona. Cada uno elige en función de lo que prefiere, tenga valor o no, ya que lo importante no es el valor objetivo sino la utilidad esperada.

Por otro lado, cada persona tiene un determinado nivel de asunción de riesgos, que incluso puede variar en diferentes momentos de su vida. El riesgo percibido para cada alternativa es subjetivo, sujeto a error, pero por otro lado es completamente determinante en la decisión. Por ejemplo, ante dos alternativas del mismo valor se suele elegir la que suponga menos riesgo.

LIMITACIONES COGNITIVAS

Al final, nuestras limitaciones cognitivas, sean permanentes o situacionales, nos llevan a elaborar modelos simplificados en exceso de los problemas y a tomar decisiones en consonancia con esos modelos limitados. Por ejemplo, solemos simplificar el proceso guiándonos por el principio de maximización de resultados, donde lo que prima es que ganemos mucho, a pesar de perder mucho. Pero también podemos guiarnos por el principio de minimización, es decir, perder poco aunque ganemos poco. También hemos observado el principio de satisfacción, por el que nos decidimos por lo que más satisfacción nos dé (por ejemplo, fumar un cigarrillo), ignorando el resto de datos, como la enfermedad que lleva asociada y el efecto nocivo de este hábito tóxico para nuestro organismo.

Apunte disruptivo

Todo parece tan obvio cuando ha pasado... De repente, un día nos damos cuenta de que hemos vivido, pensado y sentido como hemos podido y de que, posiblemente, no era la mejor manera, ni la más óptima, ni la más acertada, pero era la única manera en que pudimos hacerlo.

Sabemos, por ejemplo, que el criterio de la razón insuficiente de Laplace nos propone que cuando desconocemos la probabilidad de ocurrencia de cada alternativa, asumimos que es la misma para todas las opciones y pasamos a decidir por el criterio de utilidad, es decir, la que nos parezca más útil. Precisamente por eso te interesa aprender a calcular probabilidades. Como no sabemos la probabilidad de que nos toque la lotería y la probabilidad de que no nos toque, pues elegimos la opción más útil, que es comprar el boleto, ya que siempre es más útil que te toque una lluvia de millones a que no te toque.

Apunte disruptivo

Recientemente se ha acuñado un término llamado FOBO, que responde al acrónimo de *Fear Of Best Option* o «miedo a perderte la mejor opción», sin duda todo un ejemplo práctico del principio de Savage. Cuando sentimos FOBO, nos quedamos paralizados, ya que nos da miedo tomar una decisión y no haber elegido la mejor opción.

Otro de los errores que cometemos al tomar decisiones es el criterio de dominancia, según el cual se eligen las mejores alternativas y se descartan las peores. Este principio es útil para poder realizar un primer cribado, pero en realidad solemos precipitarnos y descartar opciones más que interesantes.

A veces tenemos un criterio optimista que nos convence de que pasará lo mejor. Por eso creemos que podemos ir adelantando coches por la carretera, ya que somos optimistas y creemos que no vendrá nadie de cara, no reventaremos una rueda, ni dará un volantazo el coche al que estamos adelantando. Pero de la misma manera podemos caer en el sesgo pesimista y creer que pasará lo peor, por lo que adoptaremos una estrategia para minimizar las pérdidas.

Savage nos propone el criterio de la pérdida de oportunidad, según el cual toda decisión gira en torno al factor clave del arrepentimiento de no haber elegido la mejor alternativa. Esta fue la estrategia de venta de vehículos de la marca Mercedes durante un tiempo: si no compras nuestros vehículos, no estarás comprando lo mejor.

Apunte disruptivo

Hace días que estoy valorando comprarme una *bicicleta eléctrica.* Lo cierto es que en el Pirineo, o estás muy fuerte o limitas mucho tus salidas en bicicleta de montaña. El resultado es que cada vez salgo menos, por lo que cada vez estoy menos fuerte y, por lo tanto, cada salida acaba siendo más una experiencia de sufrimiento que de placer.

En esta decisión de compra me está acompañando un buen amigo, economista, con el que estamos analizando todas las posibilidades. Él se conoce muy bien las gamas, los componentes y los tipos de bicicleta, así como los últimos materiales y sus beneficios e inconvenientes, por lo que es una gran fuente de información válida y fiable a la par que didáctica.

En este proceso han quedado algunas bicicletas finalistas. Algunas de las marcas las reconozco, otras no, y he podido ver de primera mano cómo he tenido que hacer esfuerzos para no descartar las marcas de bicicleta que no me resultan familiares.

Tenemos estudiados más criterios sesgados que nos condicionan a la hora de tomar decisiones. Por ejemplo, sabemos que a menudo aplicamos el criterio de satisfacción conjuntiva, es decir, el criterio que satisfaga mejor una serie de criterios mínimos, más de uno. Solemos utilizarlo en una primera fase de la toma de decisiones.

También tenemos estudiado el sesgo de reconocimiento, según el cual tenemos tendencia a elegir las alternativas que conocemos y a descartar aquellas que nos resultan novedosas o desconocidas. Aquí es donde reside la clave del marketing, en ser reconocido y familiar. El miedo a lo desconocido paraliza, mientras que lo familiar proporciona confianza, independientemente de que así sea.

Apunte disruptivo

Somos personas racionales, pero con nuestros límites; algunos son temporales, otros son un rasgo que forma parte de nuestra personalidad. No lo olvides: nuestro sistema cognitivo es muy bueno, pero limitado, por lo que a menudo necesita ayuda. Una de las funciones que más hago como psicólogo y consultor es analizar el proceso de toma de decisiones de mis clientes para identificar los posibles sesgos que están condicionando sus análisis. A veces se trata de seguir con la pareja o no, otras veces de cambiar de trabajo, de comprar una empresa o de crear un nuevo producto. No importa lo que sea. Si cuentas con la ayuda de un experto en la toma de decisiones, estás maximizando tus opciones y minimizando el riesgo de incluir sesgos durante el proceso.

Finalmente, uno de los sesgos más comunes es el sesgo de la razón única, según el cual lo basamos todo en función de una única razón. Toleramos mal la complejidad y nos motiva el hecho de poder simplificarlo todo.

En definitiva, solo somos seres humanos y cada persona puede soportar un nivel óptimo de tensión entre la ganancia que desea obtener, el tiempo que lleva en tomar la decisión y el riesgo que puede soportar.

Apunte disruptivo

En general nos sentimos satisfechos con las decisiones que tomamos, al margen de que hayan sido buenas o no. En parte, eso es bueno, ya que no nos andamos torturando con todo lo que podríamos haber hecho y no hicimos, pero en parte nos bloquea para aprender. El psicólogo estadounidense León Festinger descubrió que somos capaces de defender a capa y espada nuestras decisiones, incluso llegando a mentirnos si es necesario con tal de no asumir que nos equivocamos. Este fenómeno se llama «disonancia cognitiva».

Una cosa más: podemos utilizar diversas estrategias en diversos momentos e ir variando en función de numerosos factores, como el tiempo que tenemos, la información de la que disponemos o el impacto de las decisiones. No dedicamos el mismo esfuerzo a decidir si tomamos un café como a decidir si seguimos con nuestra pareja o si terminamos con la relación.

Eso sí, una vez tomada la decisión, la justificamos a capa y espada. Es más, a veces incluso llegamos a elegir la alternativa más fácil de justificar ante la mirada ajena; por eso no damos el paso de dejar a nuestra pareja, por ejemplo. Yo mismo, me he ganado todo tipo de críticas ante prácticamente todos los cambios de trabajo que he hecho. Cuando dejé el hospital, cuando dejé la empresa con la que viajaba por todo el mundo como consultor, cuando dejé mi centro de psicología y de bienestar, cuando deje de escribir, si llega a pasar algún día... A muchas personas les resulta incomprensible que deje una plaza fija en un hospital, que deje un centro en pleno funcionamiento, que deje de escribir cuando tengo un contrato con una editorial de referencia o que deje o descarte trabajos integrados en una empresa para ser autónomo. Pero ¡qué le vamos a hacer!, cada uno tiene sus prioridades, inquietudes y contexto. Pareciera que tengo querencia por elegir siempre la opción más difícil de justificar. A ver si también será un sesgo por descubrir...

No lo olvides...

- Confías más en tu pensamiento que en la realidad.
- Confundimos opiniones con hechos.
- No creas todo lo que dicen de ti.
- No somos conscientes de cuándo estamos pensando en base a opiniones sesgadas.
- Basa tus conclusiones y decisiones en datos, no en opiniones.
- Creemos que lo que pensamos está más extendido de lo que realmente está.
- Siempre es mejor tener datos puros que tener datos interpretados.
- No puedes confiar a ciegas en tu intuición.

- Cuando tenemos que tomar una decisión, podemos encontrarnos con diferentes tipos de escenarios y no podemos seguir los mismos criterios para tomar todas las decisiones.
- Pensamos muy mal en términos de probabilidades.
- Busca pruebas mejor que pensamientos.
- Los datos tienen que ser válidos y fiables.
- A veces no somos conscientes de que no tenemos datos. A veces tenemos malos datos y no lo sabemos. A veces creemos que no podemos tener nuevos datos.
- El planteamiento de una decisión es clave y en ese aspecto solemos ser muy tendenciosos.
- La generación de alternativas puede estar muy sesgada.
- Para tomar una buena decisión necesitamos tener buena información y hacer un buen proceso de toma de decisiones.
- Decidimos en función de diferentes factores, como la utilidad esperada, el riesgo percibido o la comodidad.
- Ten cuidado con tus imágenes mentales formadas a partir de datos.
- Somos muy parciales en nuestros procesos de toma de decisiones.
- Justificamos nuestras decisiones para no tener que asumir que nos hemos equivocado.

CAPÍTULO 7

SACAS CONCLUSIONES Y TOMAS DECISIONES CUANDO NO ESTÁS BIEN

Todos tenemos días buenos y días malos. A veces nos damos cuenta de que tenemos un día malo y tratamos de hacer algo para compensarlo. Otras veces, sin embargo, no podemos hacer nada para compensarlo y tan solo podemos sufrirlo. Y otras, la mayoría de las ocasiones, ni tan solo somos conscientes de que tenemos un mal día. Esa falta de consciencia es tan fuerte que incluso cuando varias personas nos indican que no estamos bien, las ignoramos y creemos que no es para tanto. Tenemos tanta falta de consciencia y tanta resistencia a aceptarlo que acabamos «matando al mensajero», como se dice metafóricamente, y enfadándonos con la persona que nos ha hecho ver que no estamos bien.

Cuando estamos bien, pensamos bien y estamos receptivos, creativos y de buen humor. Nos damos cuenta de algunos de nuestros errores o limitaciones y tratamos de corregirlos. Pero cuando estamos mal, ¡ay cuando estamos mal!, pensamos mal, en clave negativa o incluso agresiva. Cuando estamos mal, nuestras preocupaciones toman el control y somos incapaces de concentrarnos. Además, cuando estamos mal se disparan los sesgos y errores que podemos cometer, por lo que no es un buen momento para tomar decisiones, sacar conclusiones o hacer planes de futuro.

Cuando estamos mal, se instala en nuestra cabeza una especie de nubarrón gris que lo enturbia todo. Es como si nos pusiéramos unas gafas del color de nuestro estado de ánimo que lo tiñen todo de oscuro.

Apunte disruptivo

A menudo somos presa del temido «efecto halo», una preferencia por elegir aquellos estímulos que están en consonancia con nuestro estado emocional. Sin que tú lo sepas, cada vez que tienes un mal día, posiblemente, estés experimentando el efecto halo.

Lo de tener un mal día está mitificado. Podría parecer que todo el mundo se comunica entre sí para fastidiarnos la vida. Una suerte de *El show de Truman*, la película protagonizada por Jim Carrey en la que todo el mundo interpreta un papel predeterminado; en nuestro caso, fastidiarnos el día.

Pero lo cierto es que no existe esa conspiración silenciosa y secreta, sino que tan solo se trata de nuestra percepción, que está en sintonía con nuestro estado emocional. Nuestro mal humor también afecta a lo que pensamos en forma y contenido, y aleja el pensamiento bonito de nuestra mente. Ofuscados, de mal humor y sin consciencia del sesgo, vamos tomando malas decisiones, enfocándonos en todo aquello negativo que nos pasa y sufriendo un día de perros en consonancia con nuestro humor de perros.

A veces miramos, pero no vemos todo lo que podríamos ver. ¿Te ha pasado alguna vez? Nuestro cerebro se encarga de suprimir todo lo que no está en el centro de nuestra atención.

Existen cientos de miles de estímulos a nuestro alrededor y la atención es la encargada de gestionarlos. Somos capaces de volvernos ciegos e ignorar muchos estímulos para poder focalizarnos y prestar atención a un estímulo determinado.

Cuando algo llama nuestra atención y requiere nuestra concentración, creamos una especie de visión túnel con la que nos podemos focalizar en lo que es realmente importante e ignorar todo aquello que no es relevante.

Cuando observamos algo, los haces de luz se transforman en inputs nerviosos que en algo menos de 50 milisegundos ya están en el tálamo, el guardián de la consciencia, que a su vez lo transmite a la consciencia y a la amígdala, que reacciona.

En tan solo 150 milisegundos desde que abrimos los ojos ya estamos en marcha, respondiendo al estímulo que hemos visto. En ese tiempo hemos dejado de trabajar con la realidad y hemos empezado a trabajar con ilusiones. Lo normal, lo habitual es que trabajemos, pensemos, tomemos decisiones, nos enamoremos o sintamos a partir de ilusiones y representaciones.

El aprendizaje decide qué significado asociamos al estímulo percibido, pensado o recordado, y ahí está la clave de la educación.

Apunte disruptivo

A veces, nuestro único problema es el significado que damos a lo que nos ocurre. La vida es como es, pero nosotros la interpretamos de manera libre. Si podemos detectar esos errores y darles respuesta, podremos solucionar una gran parte del sufrimiento causado por problemas psicológicos. A veces no podemos cambiar nuestro entorno, pero sí nuestras percepciones y el significado que les damos.

Pero volvamos al mirar sin ver. Cuando estamos bajos de moral o de energía, miramos y no vemos, o incluso vemos cosas que no son reales y que no existen más allá de nuestra mente.

Nuestro cerebro entra en resonancia con nuestro estado emocional. ¿Que estamos mal? Pues todo nuestro ser entra en resonancia negativa. ¿Que estamos bien? Pues nuestro cerebro entra en resonancia constructiva.

Desmontando las trampas de tu mente
Mi pasado me persigue

A lo largo de mi carrera profesional me he encontrado con mucha gente que se siente atrapada por su pasado. Para esas personas, el pasado es una pesada losa que les oprime y no les deja disfrutar del presente ni planear un futuro que les ilusione. Aquí estamos de nuevo ante un pensamiento distorsionado que nos condiciona la vida injustamente.

Lo cierto es que el pasado influye en nuestra personalidad. Lo que hemos vivido da forma a nuestra manera de ser, a nuestras experiencias, a lo que creemos que somos y a lo que creemos que podemos hacer.

Aquí la clave está en la palabra «influir». He hablado de «influir», no de «determinar». El pasado influye en nuestra vida, pero no la determina. Pocas especies hay tan plásticas y flexibles como los seres humanos. Tenemos una capacidad de aprendizaje genial y es nuestra mejor aliada.

A mí se me da especialmente bien conseguir que las personas cambien de resonancia negativa a resonancia positiva. A menudo me basta con un wasap o un audio. Varias veces al día recibo un correo, un wasap o un audio de alguno de mis clientes comentando que sienten una energía negativa, que están ofuscados o que ese día les pasa todo del revés.

Mi respuesta suele ser la misma: «¿A ver si va a ser que estás sufriendo un efecto halo y te estás enfocando en lo negativo?». El fuego se combate con agua, así que les invito a recuperar uno de sus micromomentos de bienestar de su kit de rescate emocional que hemos trabajado durante la sesión y a llevarlo a la práctica. El resultado suele ser instantáneo.

En definitiva, lo único que estoy haciendo es ayudarle a romper el temido efecto halo, a invertir la tendencia negativa de su pensamiento y a generar una emoción positiva que enfoque su pensamiento y percepción de manera constructiva.

Apunte disruptivo

Tenemos una jerarquía en nuestros sentidos. El sentido del tacto y del equilibrio son los más poderosos, ya que son los encargados de mantenernos de pie y de protegernos para que no nos hagamos daño. Mover tu cuerpo por el espacio no es nada fácil. El sistema visual domina al auditivo.

Pero vamos con el apunte disruptivo: cuando hay un conflicto perceptivo, nuestro cerebro lo resuelve directamente sin informarnos. Los magos lo saben y ahí es donde radica el éxito de su magia, en que juegan con los conflictos perceptivos que tenemos para distraernos y poder desplegar sus fantásticos trucos de magia.

Como ya hemos visto, no funcionamos con la realidad, sino con su representación. Hay muchos huecos y nuestro cerebro los rellena como puede o quiere, por lo que hacemos falsas suposiciones y nos las creemos.

Cuando estamos mal, pensamos mal; la regla nemotécnica es fácil. Nuestro proceso de pensamiento acumula errores en forma de interferencias, siendo nuestro estado anímico una de las más potentes, de las más difíciles de identificar uno mismo, pero paradójicamente una de las más fáciles de invertir y corregir.

Cuando estamos mal, se instala una especie de filtro selectivo, como ya hemos comentado, y nuestra mente da como una especie de meta, objetivo o instrucciones a todas las funciones superiores, desde la capacidad de análisis hasta la toma de decisiones, pasando por la creatividad, la memoria o la percepción. Nos instalamos en una especie de rigidez cognitiva en la que le damos más peso a pensar mal que a pensar bien. Bajo ese estado de ánimo negativo incorporamos aprendizajes en consonancia con nuestro estado emocional, por lo que no aprendemos bien, nos cuesta más cambiar, vemos conflictos por doquier y pensamos de manera negativa de manera selectiva.

Cuando no estamos bien, no pensamos bien. Creemos que sí, pero no. Por eso es tan importante tener una planificación —elaborada cuando estamos bien— que nos permita seguir enfocados, así como evitar conclusiones y decisiones sesgadas por nuestro estado emocional.

Cuando estamos mal, sin ser conscientes de ello, desatendemos aquella información que no está en consonancia con nuestro estado emocional. De toda la información disponible, apenas tratamos con una pequeña parte. Dejamos de esforzarnos por buscar nueva información y nos acomodamos. Este fenómeno se llama «acomodación cognitiva» y consiste en la creencia de que no hace falta buscar más información, de que nos basta con la información que tenemos para tomar decisiones y seguir anclados a nuestro día de perros.

Apunte disruptivo

Tu grupo de pertenencia te influye más de lo que imaginas, hasta el punto de desestimar o aceptar argumentos en función de si están en sintonía con tu grupo o no. Uno no quiere ser disonante con su grupo, ni salirse de la norma de su grupo de referencia. Es más, incluso somos capaces de adoptar argumentos falsos para permanecer en el grupo.

Aquí hay grandes aplicaciones en materia de política, ampliamente contrastables, durante una campaña electoral. ¿Que el candidato quiere sintonizar con un determinado grupo de referencia? Pues no tiene más que demostrar que piensa como ellos.

Ese enmascaramiento de la realidad es a veces voluntario, pero a veces es involuntario y no nos damos cuenta de cómo estamos. Es como una especie de ceguera intencional. Me he encontrado con personas instaladas en un pensamiento negativo, totalmente sesgado y fuera de contexto, con una resistencia increíble e incluso con incapacidad para ver y valorar pruebas irrefutables de que están equivocados.

Esa ceguera intencional acaba provocando una amnesia selectiva, de tal manera que cuando miramos atrás, tan solo recuperamos recuerdos en consonancia con nuestro estado de ánimo, lo cual nos lleva a valorar que nuestra vida ha sido un cúmulo de desgracias. Y, claro, ante un presente de perros, un pasado triste y un futuro sin esperanza no nos queda otra que irnos discutiendo con todo aquel que se nos cruza por delante.

Ah, el futuro, no hemos hablado del futuro. Lo cierto es que nuestras predicciones de futuro tampoco escapan al temido efecto halo. Prevemos el futuro en consonancia con nuestro estado de ánimo.

CUANDO ESTAMOS BIEN, CUANDO ESTAMOS *HIGH*

Cuando estamos bien, no es que pase lo mismo que cuando estamos mal pero en signo contrario, ya que de ser así seguiríamos instalados en el error. Cuando estamos bien, pensamos mejor, de manera más creativa, con menos errores y con una percepción más realista.

Cuando estamos bien, percibimos mejor, ya que estamos más conectados a la realidad y somos capaces de pensar de manera más flexible y con más detalle. Cuando estamos bien, somos capaces de poner en contexto lo que nos pasa; sentimos y pensamos, por lo que ganamos en autoconsciencia y podemos monitorizar mejor cómo estamos y cómo distorsionamos.

Cuando estamos bien, pensamos bonito. Y cuando pensamos bonito, tenemos una mirada más amable con nosotros mismos y con las personas que tenemos cerca, de tal manera que somos más tolerantes y se generan menos conflictos.

Cuando estamos bien, tenemos muy presente que todo es un proceso, por lo que ganamos en paciencia y evitamos errores por precipitación, así como mal humor por impaciencia.

Cuando estamos bien, estamos más receptivos, la experiencia sensorial es más intensa y nos permite captar mejor el detalle llegar al fondo y disfrutar de la vida y de todo lo que tiene que ofrecernos.

Uno de los ejercicios al que más partido sacan mis clientes es el del «hilo». Bueno, yo lo pronuncio algo así como *jailou*.

A medida que se va formando nuestra personalidad, necesitamos sentirnos seguros. La vida es exigente y vamos trabajando en nosotros para ganar seguridad. A veces construimos muros para sentirnos seguros, a veces nos subimos al carro de la razón y lo llevamos al límite, y otras veces tratamos de colocarnos en un pedestal para sentirnos fuertes y seguros. Hay más estrategias, sin duda, más o menos sofisticadas o burdas.

Yo apuesto por que cambies el concepto de seguridad por el de «seguridad relativa». Como todo, la virtud está en un buen balance, en un buen equilibrio. Necesitamos mantener un punto de equilibrio entre sentirnos seguros e inseguros.

No te escandalices, es un concepto mucho más importante de lo que crees. A veces tenemos que sentirnos seguros y hacer acopio de valor, pues a menudo nos atacan, o en otras ocasiones tenemos un solo en la orquesta de la vida o tenemos que demostrar nuestra valía. Ese, justo ese es el momento en el que tenemos que sentirnos seguros.

Sin embargo, a veces no podemos sentirnos seguros de lo que pensamos ni de lo que sentimos. Como has podido comprobar, nuestra mente nos engaña, falla y se cortocircuita. Y no pasa nada, ya que así es la vida.

Pero necesitamos un recurso para poder gestionarlo, y ese recurso es la seguridad relativa. No pasa nada porque dudes de ti, de lo que piensas y de lo que sientes. Eso no te convertirá en una persona insegura, ni mucho menos.

Esos momentos de inseguridad son la base para poder identificar esos errores que todos tenemos y que requieren una enmienda.

Desmontando las trampas de tu mente
Estoy que me salgo

Solemos hacernos una idea de nuestro valor en función de las valoraciones que percibimos del entorno. Cuando nos sentimos valorados, nos crecemos. En cambio, cuando nos sentimos cuestionados, nos volvemos pequeños e inseguros. Seguimos siendo la misma persona, con las mismas habilidades y recursos, pero nos limitamos o expandimos en función de cómo creemos que nos están valorando.

A lo largo de mi carrera profesional me he encontrado con serios problemas cuando he tratado de comunicar el concepto de seguridad relativa a mis clientes. Algunos creen que si pierden su seguridad, se les caerá todo su mundo, cuando es al revés. Si yo voy seguro a la montaña, no llevaré nada, ni ropa de abrigo, ni cuerda, ni comida, ni mucho menos agua. Si, por el contrario, estoy muy inseguro, no llegaré a salir a la montaña, lo cual también es malo.

Apunte disruptivo

Trastornos del curso de pensamiento:

- Inhibición del pensamiento y lentitud
- Aceleración del pensamiento
- Fuga de ideas
- Perseveración obstinada
- Disgregación; falta de idea directriz
- Incoherencia y pensamiento incomprensible

Justo en ese punto medio está la clave, en sentirme lo suficientemente inseguro como para poder reconocer, desde la humildad, mis limitaciones y así poder ver cómo las puedo compensar, y en sentirme lo suficientemente seguro como para tener el valor de dar el paso y tomar las decisiones que requiere mi vida.

Apunte disruptivo

Hay un tipo de pensamiento que llamamos «pensamiento mágico». Es un pensamiento algo primitivo, que se da mucho en la infancia y que al ir madurando, va quedando en una posición más residual. Excepto en un caso: cuando estamos bajos de ánimo.

La base del pensamiento mágico es que se rige por las apariencias y por las relaciones entre cuándo y cómo se da una determinada situación o asociación. Este tipo de pensamiento aparece cuando los homínidos descubren una relación entre la presencia de ciertos objetos y una situación existencial propia. El núcleo del pensamiento mágico es básicamente que dos objetos que están juntos ejercen una influencia mutua entre sí y se intercambian sus propiedades.

Aquí yace el valor de los amuletos. Si me pongo la piel de un león, adquiero su fuerza. Si tomo polvo de cuerno de rinoceronte, adquiriré su potencia. Y así un largo etcétera de asociaciones sin sentido que están acabando con el reino animal, entre otras cosas. Ahora entiendes por qué el pensamiento mágico aparece cuando estamos bajos o *low*.

Así, un eclipse es un mal augurio, y existen mil asociaciones más que nos vuelven inseguros y supersticiosos, estableciendo relaciones causales entre objetos o situaciones que nada tienen que ver entre sí.

Cuando no queremos sentirnos inseguros, nos enrocamos en posiciones nada racionales, posiciones que nos acaban condicionando y que comprometen los resultados de nuestra vida. Sin darnos cuenta acabamos instalados en una vida que es de todo menos bonita.

Asúmelo, no siempre piensas bien, y eso no significa que seas un desastre, ni mucho menos, tan solo significa que eres humano. Yo, por mi parte, lo tengo claro, clarísimo: no siempre pienso bien y el mero hecho de contemplar esa posibilidad es lo que me ayuda a pensar mejor, a pensar bonito y a tener una vida bonita.

La mayoría de los momentos en que no pensamos bien suelen estar provocados por un tema contextual y ambiental. Cierto es que hay personas que no suelen pensar bien de manera continuada, pero este no es el caso que nos ocupa ahora.

Yo mismo, cuando tengo hambre, sueño o ganas de ir al baño, no pienso igual de bien. A veces me reconozco tratando de acabar un capítulo o una página antes de ir al baño, pero lo tengo comprobado, el resultado de mi trabajo siempre es peor. Sin duda, es mejor que me levante y vaya al baño a que apure y siga escribiendo con ganas de ir al baño.

Apunte disruptivo

Te propongo que hagas una lista de todo aquello que te saca de tus casillas, echa a perder tu bienestar emocional o te pone de los nervios o de mal humor. Luego te propongo que analices cuáles de los elementos que contiene esa lista pueden ser gestionados o eliminados. A veces nos acostumbramos a sufrir por sufrir y no nos damos cuenta de que pequeños cambios pueden suponer grandes beneficios para nuestra salud mental.

Sin embargo, hay muchas más circunstancias que provocan que pensemos peor. Recordemos que el estrés, la presión, nuestro estado emocional o las repercusiones que creemos que tendrá nuestra acción acaban provocando que pensemos mal. Esto, aunque no lo parezca, es una buena noticia, ya que si somos capaces de identificar qué elementos nos alteran, podremos trabajar nuestro estado emocional.

Tu objetivo principal es que puedas identificar cuándo estás bien y cuándo no. Tienes que poder imaginarte con una bandera roja y una verde, o como ocurre con los coches de carreras, con un semáforo verde y uno rojo. Cuando estás en verde, piensas bien. Cuando estás en rojo, no.

Pero ¿qué pasa si no puedo darme cuenta de cuándo estoy *high* y cuándo estoy *low*? Tenemos dos opciones. La primera es trabajar en ti y en la conciencia de tu estado anímico. En Fortaleza emocional trabajo este tema, pero permíteme que te apunte algunas cosas.

La primera opción es que te quede claro que tenemos algunos indicadores de que hemos perdido el equilibrio. Permíteme que te los liste. Si tienes los siguientes síntomas, posiblemente hayas perdido el equilibrio y estés más *low* que *high*:

- Inquietud y nerviosismo
- Inseguridad y preocupación excesivas
- Aislamiento social y pocas ganas de relacionarte con otras personas
- Dificultades para mantener la concentración
- Menor receptividad
- Menor tolerancia
- Irritabilidad y reacciones defensivas
- Dificultades para disfrutar y sentimientos de malestar
- Aumento de la autocrítica
- Sentimientos de impotencia, tensión, miedo o temor

- Fumar, beber o comer en exceso
- Cambios en las costumbres personales como el sueño, la higiene o la alimentación
- Evitación del trabajo y de las demás obligaciones
- Aumento de las conductas compulsivas

Estos indicadores son signos de alarma que nos indican que algo no está funcionando. Si cumples alguna de estas condiciones, el tema está mal. Si cumples dos, está fatal. Y si cumples tres, tienes que plantearte algunas cosas y consultar a un especialista.

Nuestro cuerpo y nuestra mente tratan de avisarnos cuando perdemos el equilibrio, cuando tenemos demasiada tensión o cuando llevamos un ritmo demasiado elevado. A veces pagamos un coste demasiado alto por tratar de vivir la vida que otros nos han diseñado, por tratar de encajar en un ideal o por conseguir unos objetivos que no son reales. Nuestro cuerpo nos indica cuándo está demasiado forzado, ante lo cual podemos hacer dos cosas: atenderle o ignorarle.

Nuestro coche está preparado para funcionar de manera óptima dentro de unos límites. El motor de tu coche puede dar más de sí en momentos puntuales, pero si siempre lo llevas al límite, tendrás un accidente o se acabará rompiendo. Pues algo parecido le pasa a nuestro cuerpo y a nuestra mente.

Cuida de ti, atiende a las señales que te envía tu cuerpo antes de llegar al límite y enfermar. Sé que en ocasiones no tenemos otra opción, pero a veces, con un poco de valor o creatividad, podemos adaptar nuestra vida. He trabajado con muchas personas que lo han tenido que hacer cuando han llegado al límite, cuando les han despedido por bajo rendimiento, cuando les han diagnosticado una enfermedad o cuando les ha dejado su pareja.

No esperes a llegar al límite, o te costará más remontar... Atiende a lo que tu cuerpo tiene que decirte y trata de reorientar tu vida y tu ritmo. Revisa con una mentalidad abierta si tienes más opciones. Antes de que sea demasiado tarde...

Después de haber tratado a mucha gente durante más de veinte años de carrera puedo decirte una cosa: a menudo nos complicamos la vida nosotros solitos, con las decisiones que tomamos y con las que no tomamos, cuando nos falta el valor para hablar con una persona o cuando vamos viviendo sin preguntarnos por el sentido de lo que estamos haciendo.

Muy bien, ahora ya sabes identificar las señales que te indican que has perdido el equilibrio, pero sería muy descortés por mi parte si no te diera algunas claves para poder recuperar ese equilibrio. Así que a pesar de que me alejo un poco del objetivo de este capítulo, me gustaría compartir contigo algunos recursos para recuperar el equilibrio y poder vivir una vida bonita.

- **Empieza por revisar tus rutinas.** A menudo hacemos cosas sin sentido o que han dejado de tenerlo, a pesar de que en su momento nos resultaran útiles.
- **Ajusta tus expectativas.** La vida va cambiando y nos va proponiendo diferentes escenarios. No podemos seguir con las mismas expectativas en diferentes escenarios.
- **Vive por objetivos mejor que por ilusiones.** Los objetivos son concreciones de las ilusiones y nos permiten crear planes de trabajo que nos ayudarán a conseguirlos.
- **Céntrate en el presente y cierra tu pasado.** Lo pasado, pasado está. Tampoco te preocupes por tu futuro, pues no puedes hacer demasiado, así que centra tu atención en el presente.
- **Dale un sentido a tu vida** y recuerda que lo mejor es que tenga un sentido para ti, no para los demás.

– Finalmente, **introduce momentos de alegría en tu día a día.** Busca la felicidad de manera activa. Lo que no hagas tú por ti, nadie lo hará.

Sí, si quieres vivir en equilibrio y tener una vida bonita, tendrás que tomar algunas decisiones.

Volviendo a lo nuestro, la segunda de las opciones es contar con algunas personas de confianza que te puedan hacer de referencia. Serán como una especie de calibrador externo que te permitirá darte cuenta de cuándo tienes que hacerte caso. Eso sí, asegúrate de que tienen cierto grado de objetividad. Es más, intenta que no sea solo una persona. Disponte a formar un consejo consultivo de calibración, el conocido como CCC a partir de ahora, o C3, como prefieras llamarlo.

Además de todos estos criterios que hemos comentado y que se refieren más a tu estado emocional, podríamos encontrar algunas máximas más que te pueden ayudar a identificar tus *jailous*.

Apunte disruptivo

Karl Jaspers, psiquiatra alemán, definió el concepto de delirio o pensamiento delirante, que se caracteriza por:

- Incorregibilidad: total certeza subjetiva.
- No hay dudas sobre su veracidad.
- No acepta matices ni cede ante consideraciones que se le realicen.
- Irreversibilidad: no se ve afectado por la experiencia; incluso ante conclusiones irrefutables, la idea delirante persiste con toda su intensidad.
- Incomprensibilidad.

Solemos estar *low* y no podemos confiar en lo que pensamos ante situaciones nuevas, cuando tenemos prisa, cuando nos sentimos presionados, cuando tenemos cualquier necesidad básica no cubierta como hambre, sueño, etc., cuando tenemos un estado de la consciencia alterado (por ejemplo, cuando tenemos sueño o consumimos tóxicos; antes de echarte la siesta mejor no pienses mucho), cuando hay mucho ruido, cuando hace mucho frío, viento o calor y, finalmente, cuando nos sentimos inseguros o con miedo.

En definitiva, lo que podemos aprender de esta cuestión es que no podemos confiar siempre en todo lo que pensamos y que si somos capaces de identificar si estamos bien (*high*) o mal (*low*), si tenemos esa luz roja encendida o si estamos en luz verde, podremos regular un poco mejor nuestros pensamientos.

Yo a veces me doy cuenta de cómo estoy por indicadores como el estrés o los aspectos que hemos comentado antes, y a veces me doy cuenta por el contenido de lo que estoy pensando. Si veo que es muy negativo, reiterativo o ingenuamente optimista, reviso mi estado emocional y veo que a menudo tengo que levantar la bandera roja.

Cuando me sorprende el contenido de lo que estoy pensando, lo trato como un indicio sobre el que investigar. Es como si siempre bailaras bien y de repente te vieras dando traspiés; lo más acertado sería pensar que te está pasando algo.

Me encanta el ejemplo del baile. ¿Acaso el pensamiento no es como una especie de baile entre nuestros sentidos, la realidad y nuestra mente?

No siempre podemos bailar bien. Tráeme al mejor bailarín del mundo y una botella de tequila —bueno, dos por si acaso—, y verás que es incapaz de coordinar sus movimientos. Pues algo parecido nos pasa con el pensamiento.

Siguiendo con el ejemplo del baile, una cosa más. Si has bailado alguna vez, podrás ver que te cuesta calentar un poco y que al cabo de unos minutos de práctica y algunos ejercicios ya estás en plena forma. Asimismo, cuando llevas mucho rato bailando, podrás ver que tienes tal cansancio que ya no puedes seguir bailando al mismo nivel.

Pues con el pensamiento pasa algo parecido: tenemos que calentar y ser conscientes de que todos tenemos un límite y que cuando lo alcanzamos, tenemos que levantar la bandera roja. ¿No me crees? Pues búscate una lista de reproducción que te guste y póntela en bucle. A ver cuántas horas consigues bailar... Pero bailar bien, no como un pato mareado.

No lo olvides...

- No solemos ser conscientes de que tenemos un mal día.
- Si te hacen ver que tienes un mal día, no mates al mensajero.
- Cuando estamos mal, solemos cometer más errores y todo nos parece mal por culpa del efecto halo.
- Damos significado a la vida en función de nuestra experiencia.
- Nuestro cerebro entra en resonancia con nuestro estado emocional.
- No funcionamos con la realidad sino con su representación.
- Cuando estamos bien, pensamos mejor, de manera más ajustada y creativa, estamos más receptivos y tenemos menos distorsiones.
- Necesitas aprender a identificar tus *highs* y tus *lows*.
- Integra el concepto de seguridad relativa.

- Podemos estar mal por muchos motivos reales que ocurren en el día a día.
- Atiende a las señales que te envía el cuerpo.
- Revisa tus rutinas.
- Ajusta tus expectativas.
- Vive por objetivos mejor que por ilusiones.
- Céntrate en el presente y cierra tu pasado.
- Dale un sentido a tu vida.
- Introduce momentos de alegría en tu día a día.
- Incorpora a personas de confianza que te ayuden a centrarte de nuevo y a recalibrarte.

CAPÍTULO 8

GENERALIZAS

Vamos por la vida emitiendo juicios y opiniones, sin saber que estos dependen de nuestro encuadre vital, de nuestra experiencia, de nuestras creencias más o menos sesgadas, de nuestras deducciones engañosas y de nuestros intereses, y que eso tiene poco o nada que ver con la realidad o la objetividad.

Apunte disruptivo

Los psicólogos hemos observado un fenómeno que se suele dar con mucha frecuencia: la perseverancia en las creencias, sean erradas o no. Tendemos a aferrarnos a nuestras creencias y a darles más valor que a las creencias de los demás o incluso que a la propia realidad. Nos cuesta darnos cuenta y aceptar que estamos equivocados. Sí, tenemos una gran resistencia a abandonar nuestras creencias.

Nuestras creencias pueden distorsionar nuestras deducciones. A veces, las conclusiones erróneas parecen válidas. A veces, las conclusiones válidas parecen erróneas. Y nosotros, incapaces de diferenciar lo válido de lo erróneo, vamos emitiendo afirmaciones, opiniones, predicciones, juicios y deducciones a diestro y siniestro.

Vives según tus creencias, sean buenas o malas. Tu realidad se estructura en función de tus creencias, de tal manera que tu realidad no tiene por qué ser «la» realidad. Piensa que cuando tienes una creencia, esta influye en cómo percibes el resto de la información importante en todas las áreas de tu día a día, así que creencia a creencia te vas alejando de la realidad para crearte tu propia realidad, aquella que más le conviene a tus intereses, deseos, miedos y necesidades.

Nos enrocamos en seguir manteniendo nuestra opinión, por inverosímil que parezca, y perseveramos a pesar de las pruebas irrefutables que nos puedan presentar. Nuestras expectativas sobre el mundo están en consonancia con lo que pensamos, e interpretamos la vida basándonos en ellas y nos convencemos de que lo que pensamos es lo correcto.

Y aquí entra en juego nuestra memoria, la encargada de proyectar el noventa y nueve por ciento del contenido de nuestro pensamiento, llegando incluso a falsificar la precepción. Podemos llegar a ignorar la realidad para así poder proyectar lo que queremos ver.

Desmontando las trampas de tu mente
Tengo mala suerte

Es la típica trampa de alguien que percibe que no tiene posibilidades de ejercer control sobre lo que le pasa. La mala suerte existe, sin duda, pero no tanta como algunas personas creen. A veces no es mala suerte, sino no saber tomar decisiones, no fijarse en lo que se hace, o ignorar las señales que nos envía el entorno.

Prevemos algunas respuestas y descartamos otras. Miramos el mundo, hacemos una comparación entre lo que pensamos y la realidad, y acabamos modificando la percepción que tenemos de la realidad para perseverar en lo que creemos.

Y aquí es cuando la liamos. Si pensamos que todos los hombres son iguales, que los catalanes son tacaños o que los madrileños son chulos cada vez que veamos a un hombre, a un catalán o a un madrileño, confirmaremos nuestra creencia. ¿Sabes por qué? Pues porque no importa que sea como sea, que se ajuste a nuestra opinión o que sea diametralmente distinto; daremos significado a lo que haga en consonancia y en función de nuestra creencia. Y si nos lo pone muy complicado, le daremos significado a lo que no haga, que ahí no hay quien tenga oportunidad de llevarnos la contraria.

CUESTIÓN DE CATEGORÍAS

Tu cerebro es tu gran ordenador central, tu centro de control. Y tus pensamientos son tu sistema operativo. Al igual que ocurre con el sistema operativo de un ordenador, tus pensamientos gestionan tus recursos de hardware, es decir, tu percepción, tus sentidos, tu movimiento, etc. Pero tus pensamientos también proveen de servicios a tus programas de software o aplicaciones, como lo que sientes, lo que recuerdas, lo que esperas o lo que te motiva.

Al igual que en un sistema operativo, una de las funciones de nuestro pensamiento es proteger nuestro hardware y, para conseguirlo, tenemos algunos comandos preinstalados.

Como a veces tenemos mucho trabajo, nuestro sistema operativo va tomando decisiones de manera autónoma. También puede tener en memoria varios programas, e incluso es posible que esté mal programado.

Como ocurre con un ordenador, tenemos dos modos de trabajo. Uno sería el modo usuario y el otro, el modo supervisor o programador. Te propongo que pasemos durante un rato al módulo supervisor para analizar por qué cometemos este octavo fallo de pensamiento: el pensamiento absolutista.

Apunte disruptivo

Cuanto mejor analicemos lo que nos pasa, en mejores condiciones estaremos para poder tomar mejores decisiones. Analizar no es nada más que descomponer la información en pequeñas unidades para poder estudiar su composición, así como sus relaciones y flujos dinámicos. Si analizas bien, todo es más fácil. Si analizas mal, tomas peores decisiones, te equivocas con mayor frecuencia y sacas peores conclusiones.

Necesitamos ordenar la información que percibimos en nuestro entorno, y para conseguirlo disponemos de una especie de cajones o casillas donde vamos incorporando los datos de manera segmentada. Este proceso por el que reconocemos y clasificamos nuestro entorno en categorías se llama «inducción categórica».

Cuando vemos un objeto, análizamos sus características y decidimos dónde lo clasificamos. Cada persona tiene su propia organización categórica, y gracias a esta manera de pensar podemos inferir más información de la que se nos ha presentado. Si inferimos, está claro que podemos errar. Pero, por otro lado, esas inferencias nos resultan de gran utilidad para poder tener una visión más amplia de la realidad y tratar de predecir el futuro, especialmente en momentos en los que no disponemos de toda la información, eso sí, y siempre y cuando esas inferencias sean correctas y ajustadas.

A pesar de que cada experiencia es única, vamos extrayendo aquellos elementos que son importantes y que parecen ser comunes a otras experiencias. Además, esa organización por categorías es dinámica, es decir, vamos actualizando cada categoría en función de las experiencias que tenemos, o como mínimo así debería ser. A menudo me encuentro con personas que no actualizan sus categorías, de tal manera que sus máximas quedan obsoletas y no se pueden aplicar a una realidad tan cambiante como la actual.

Apunte disruptivo

La sobrecarga de la memoria de trabajo induce al error. Cuando tenemos que pensar mucho, indagar mucho o crear muchas alternativas, nos saturamos y acabamos eligiendo una opción, independientemente de que sea buena o mala, con el objetivo de terminar con esa carga de trabajo.

Cuando vemos una manzana, sabemos que cualquier tipo de manzana, sea golden, reineta o del tipo que sea, es una manzana por sus características esenciales. Además, si nos encontramos con un nuevo tipo de manzana que no conocíamos, somos capaces de inferir una serie de características sin haberla conocido antes, por el mero hecho de ser una manzana y de incluirla en la categoría que tenemos formada de «manzanas».

Pero ese proceso de inferir información puede llevarnos a cometer un error muy habitual: inferir determinadas características sin llegar a comprobarlo. Si, por ejemplo, pensamos que las manzanas son dulces, creeremos que todas las manzanas lo son, incluso las que son ácidas. Asimismo, si creemos que no nos podemos fiar de los pelirrojos, ni tan solo nos daremos la oportunidad de comprobarlo con cada pelirrojo que se cruce en nuestro camino.

Apunte disruptivo

No siempre nos entendemos con nuestro interlocutor, y a menudo es por culpa de nuestras categorías. Cada uno tiene sus categorías, y para cada categoría definimos un conjunto de propiedades que son necesarias y unas propiedades que son optativas. Por ejemplo, para la categoría «soltero», las propiedades necesarias, las que están presentes en cada uno de los ejemplares, podrían ser que sea varón, que sea adulto y que no esté casado. Pero, para otra persona, un soltero puede ser un varón adulto que esté buscando tema. Y aquí es donde suelen darse la mayor parte de los malentendidos.

¿Qué es para ti un trabajo bien hecho? ¿Y dejar la cocina recogida? ¿Y ser cariñoso? ¿Y si hablamos de puntualidad? Una buena comunicación requiere tener categorías similares, ser receptivos a entender las categorías de nuestro interlocutor y ser flexibles para poder ajustar los criterios esenciales y los accesorios.

Es decir, cuando vemos un pelirrojo, deducimos una serie de atributos en consonancia con los atributos que definen nuestra categoría mental para pelirrojos: que no son de fiar. Lo mismo ocurre cuando vemos a alguien mal vestido, a alguien con traje, a una persona en un determinado coche o a un agente de policía: les inferimos una serie de características y atributos. Pero cuidado porque esa inferencia puede ser acertada o errada.

CUESTIÓN DE LÓGICA

Lógica solo hay una, pero cada uno la aplica como puede. En general, tenemos una lógica natural con algunos errores, algunos de carácter situacional y otros más genéricos que pueden aparecer con mayor o menor frecuencia en función del contexto.

Apunte disruptivo

Evans demostró que le damos validez a una conclusión solo si es coherente con nuestras creencias. Si es así, la aceptaremos sin más, y si no concuerda con nuestras creencias, la desestimaremos.

Aunque tenemos diferentes tipos de razonamientos lógicos, me voy a centrar en un tipo que me interesa especialmente: los razonamientos categóricos. Precisamente, la ilusión de racionalidad es lo que hace que bajemos nuestras defensas y demos por buenos razonamientos que en realidad no lo son. Si parecen consistentes, nos parecen buenos; hasta aquí todo nuestro espíritu crítico. Fíjate, tenemos estudiado que el contenido temático de un problema puede bloquear por completo el proceso lógico y conducir a una solución errónea. Pensamos que un argumento es válido si estamos de acuerdo con su conclusión y, de la misma manera, consideramos que es falso si no concuerda con nuestras creencias.

Solemos pensar en clave de reglas mentales, las cuales son deducciones que nos confirman una idea determinada. De hecho, las deducciones son uno de los procesos de las reglas mentales, la manera como confirmamos o desmentimos nuestras reglas mentales. Cuando percibimos algo, deseamos asignarlo a una de esas casillas o a una regla, por lo que buscamos en nuestra memoria el lugar en el que puede encajar mejor.

Una vez tenemos esa regla o esa prueba, ya podemos inferir lo que va a pasar. Retomando el ejemplo de la aversión a tener una pareja pelirroja, el proceso iría así: tus oídos perciben la conversación de una persona que está en una mesa detrás de ti en el restaurante. Su voz, sus comentarios y el contenido de la conversación te están enamorando. Va avanzando la cena y decides darte la vuelta para verle la cara y entablar una conversación. Reúnes el valor suficiente y te das la vuelta con la intención de presentarte, pero, oh, sorpresa, cuando te giras ves que es una persona pelirroja. En ese momento, tu cerebro activa todas las alarmas y busca a toda prisa en su base de datos de reglas qué regla aplicar. Encuentra una: no enamorarse de una persona pelirroja. Ya tiene la regla, solo ha tardado algunos milisegundos en encontrarla, pero necesita la justificación: esa relación con una persona pelirroja que acabó como el rosario de la aurora. Ahora solo le falta una prueba, hay que buscarla. Busca y busca, pero no encuentra nada. Es que ha sido tan encantador durante toda la cena... Pues nada, a crearla, que no podemos dejar de seguir la regla. Y aquí es donde entra en escena nuestra imaginación, alterando la conversación e imaginando posibles evoluciones de dicha conversación.

Apunte disruptivo

Imagina cómo sería la vida sin conceptos. Necesitaríamos un nombre diferente para cada cosa objeto o idea. Puedo decir que «estoy enfadado» en vez de describir toda mi expresión facial.

El primer paso de la confirmación de una regla mental mediante una prueba mental consiste en ir a la estructura de memoria para buscar la regla o la prueba. Acto seguido se elige esa prueba, se aplica y se infiere lo que va a pasar. En este caso, lo que se infiere es que «seguro que el tema acabará mal y no merece la pena entablar una conversación». Es más, dependiendo de cómo estés de los nervios, acabarás diciendo algo así como «maldito pelirrojo de mierda, todos sois iguales».

Las reglas mentales se utilizan para generar una prueba mental en la memoria de trabajo. Imagina que tienes un órgano gestor que se encarga de la correcta aplicación de las reglas mentales. Tu gestor de reglas mentales decide qué regla escoger y cuándo aplicarla, además del orden y de un sinfín de detalles.

Apunte disruptivo

Algunas de nuestras reglas son inconscientes, aprendidas de pequeños o grabadas en nuestra memoria a fuego, pero sin ser conscientes de ellas. La falta de consciencia dificulta su gestión. Aquello que no podemos expresar en palabras no puede ser controlado.

Los errores son los factores que limitan, dificultan o impiden la aplicación de tales normas. Entre los errores típicos podemos encontrar las limitaciones de la memoria de trabajo, la ausencia de la regla apropiada o la presencia de una regla inadecuada.

Lo que te acabo de explicar de cómo funcionan las reglas mentales es muy importante, ya que de ellas se desprenden una serie de errores muy habituales: generalización, estereotipación y simplificación.

Trata de imaginar que una de tus reglas mentales es que todos los jefes son déspotas, desconsiderados, ególatras, narcisistas e incompetentes. A tenor de esa regla mental, tu mente tiene claras instrucciones de lo que tienes que esperar ante un jefe. A partir de un elemento determinado como la palabra *jefe,* tu mente se encarga de deducir el resto de elementos asociados a esa categoría o regla mental.

Apunte disruptivo

Te propongo un ejercicio: lee algo que no cuadre con tus dogmas para poder abrir tu mente.

Nuestros procesos deductivos pueden ser buenos o no, ajustados o no, pero nunca son malos *per se.* La deducción es uno de los mecanismos de obtención de información y de predicción más recurridos y habituales. Como siempre, si pensamos bien, tendrá buenos resultados, y si pensamos mal, sus resultados estarán en consonancia con este mal pensar.

Ante una experiencia nueva para nosotros, ante algo que no nos ha pasado nunca, necesitamos elaborar una regla, y lo solemos hacer a partir de una prueba única. Por ejemplo, cuando hemos tenido una mala experiencia con nuestro primer perro, la regla acaba siendo que no se pueden tener perros y educarlos. Esa inferencia deductiva creada a partir de una única prueba suele ser la fuente de la mayoría de generalizaciones y estereotipos errados.

Pues con las reglas mentales ya tenemos servido el estereotipo, como «la típica rubia que…», «el típico macizorro que…», «el típico jefe que…» o «la típica persona que…».

Apunte disruptivo

Para cada categoría tenemos un prototipo que sería la definición perfecta del concepto o categoría. Dentro de la jerarquía de pertenencia, el prototipo ocuparía el lugar más alto.

Un ejemplar es típico en la medida en que se parezca al prototipo y, claro, si elegimos como único atributo descriptivo de la categoría el color de pelo, el tipo de coche, el lugar donde nació o su equipo de futbol, pues nos resulta tremendamente fácil ir incorporando elementos a una categoría. El típico aficionado del Madrid. Si es que todos son…

LA PREGUNTA DEL MILLÓN

A veces desestimamos lo sencillo, ignorando que suele ser la mejor de las opciones. Para muestra, un botón. Mi mejor recurso para identificar los pensamientos distorsionados, bien sean absolutistas, parciales, sesgados o del tipo que sean, es muy sencillo. Añade un signo de interrogación al principio y al final de la frase y repite tu pensamiento en clave de pregunta.

Puedes hacerlo por escrito o de pensamiento. Al principio te animo a que lo escribas, y poco a poco podrás hacerlo de pensamiento, hasta que te des cuenta de que realmente no necesitas hacerlo. Pongamos varios ejemplos.

A María le ha dejado su novio. Lleva días secuestrada por emociones negativas intensas. Oscila entre el odio y la tristeza, mientras se repite una y otra vez en su mente la misma frase: «Todos los hombres son iguales». ¿Cuál fue el ejercicio que hicimos juntos? En este caso lo escribimos en la libreta que suelo llevar a mis sesiones. Primero le pedí que escribiera esa afirmación: «Todos los hombres son iguales». Acto seguido le dije que añadiera signos de interrogación al principio y al final de la frase: «¿Todos los hombres son iguales?».

El último paso del ejercicio consistió en que leyera la frase en voz alta en forma de interrogación:

—¿Todos los hombres son iguales? Pues no —contestó inmediatamente de manera reactiva, así sin pensarlo—. Hombre, Tomás, visto así, tienes razón. Todos los hombres no son iguales.

—Pues ¿qué tienes que hacer entonces? —le pregunté.

—Tengo que buscar a un hombre que encaje más con mis prioridades, intereses y necesidades.

Fantástico, pensamiento desmontado.

Pongo otro ejemplo, el de Antonio, a quien habían despedido recientemente del trabajo. De nuevo, su estado emocional oscilaba entre la tristeza y la ansiedad, y de nuevo había una frase que se repetía una y otra vez en su mente: «No encontraré trabajo». ¿Adivina qué pasó? Pues que saqué mi libreta, le pedí que escribiera la frase y que, a continuación, añadiera los signos de interrogación y que la leyera en voz alta.

—¿Jamás encontraré trabajo? Pues depende de lo que haga —se contestó él solito.

Ciertamente, no era fácil, sino más bien difícil; por eso tenía que dedicarse a fondo y con calidad, y hacerlo bien. Antonio pasó de pensar que no encontraría trabajo a pensar que si hacía lo correcto y lo hacía bien, estaría incrementando la probabilidad de encontrar trabajo.

Prueba el ejercicio de la pregunta. Verás que es sorprendente. Incluso yo mismo me maravillo cada vez que me lo aplico. Sí, yo también distorsiono. Soy humano. Quizás distorsione menos, quizás solo en algunos ámbitos, pero también distorsiono. Y ¿sabes qué hago? Pues formularme la pregunta del millón.

Quizás puedas imaginarte las risas que nos echamos con mis clientes cuando les explico la técnica. Primero ponen cara de incredulidad, como de que algo tan sencillo no puede ser tan efectivo. Pero tan pronto como llevan a la práctica la pregunta del millón, como yo la llamo, suelen empezar a reír de lo simple que es y de sus evidentes efectos.

¿Sabes por qué la llamo la pregunta del millón? Pues porque les digo que les voy a hacer una pregunta y que si se equivocan, me tendrán que dar un millón de euros; en cambio, si la aciertan, seré yo el que se los dé. Cuando pregunto «¿todos los hombres son iguales?» o «¿nunca encontrarás trabajo?» sabiendo que hay un millón (imaginario) en juego, todo el mundo se piensa mejor la respuesta.

Ya puedes empezar a pensar en distorsiones. Verás que la pregunta del millón encaja a la perfección. Va, ya lo hago yo.

- «Haga lo que haga no sirve de nada. ¿Haga lo que haga no sirve de nada? Pues depende de lo que haga. Quizás hay algo que no estoy haciendo. Estoy seguro de que no he hecho todo lo que podía hacer.»

- «No hay manera de aprobar el examen de conducir. ¿No hay manera de aprobar el examen de conducir? Pues depende. Si estudias y practicas sí.»
- «Se me da fatal la cocina. ¿Se me da fatal la cocina? Pues los huevos fritos me salen bien. Cierto es que algunos platos se me dan peor, pero si siguiera las instrucciones o una buena receta, estoy seguro de que con práctica me saldrían bien.»
- «Sin mi pareja no soy nada. ¿Sin mi pareja no soy nada? Hombre, visto así, suena muy fuerte. Puedo hacer muchas cosas por mí mismo.»
- «Quién va a leer mi libro. ¿Quién va a leer mi libro? Pues aquellas personas que lo encuentren interesante, así que lo que tengo que hacer es escribir un libro interesante.»
- «Jamás podré correr un maratón. ¿Jamás podré correr un maratón? Pues depende. Si entreno y lo programo con el tiempo adecuado, podría hacerlo. Otra cosa es que quiera hacerlo.» O quizás la respuesta podría ser: «Pues un maratón no, pero ir en bici durante un día sí».

No me dirás que no es un buen consejo. Incluso tuve un cliente que se tatuó un signo de interrogación y el signo del dólar en la cara anterior de la muñeca para no olvidarse de la estrategia de la pregunta del millón.

Es sencilla y efectiva. A mí no me ha fallado nunca. Por ejemplo: «No sé si entregaré este libro a tiempo. ¿No sé si realmente entregaré este libro a tiempo? Pues depende de cómo me planifique y de cómo trabaje en él». Tema resuelto. En la propia pregunta está la respuesta. La sencillez de esta técnica y su efectividad son asombrosas.

No olvides la técnica de la pregunta del millón, pues te acompañará en tus momentos más oscuros y te dará la luz que necesitas. Estamos ante la técnica más sencilla jamás imaginada para mejorar la calidad de tu pensamiento. Además, es totalmente efectiva. Ya lo has visto.

Ese interrogante que añadimos a nuestra afirmación o deducción nos da la perspectiva necesaria para poder valorar de nuevo esa frase tan categórica que hemos dicho, esa sentencia de un alto tribunal, ese dogma precipitado que nos ha salido sin pedir permiso y que, si lo pensamos bien por un instante, veremos que no tiene el menor de los sentidos.

Es posible que te cueste realizar este ejercicio al principio. Te animo a que lo escribas. Puedes enviártelo por WhatsApp o similar, o por correo electrónico. También puedes escribirlo en un papel, meterlo en un sobre, bajar al estanco, ponerle un sello y enviártelo a ti mismo por correo ordinario, aunque eso ya sería complicarlo todo un poco.

En serio, abre un mail, pon tu dirección, incluye en el asunto «para reflexionar» y, en el cuerpo, copia la frase entre signos de interrogación. «¿Jamás volveré a salir con nadie?» «¿Todos los hombres son iguales?» «¿Nunca encontraré trabajo?» «¿Es imposible que pierda peso?» «¿No puedo hacer nada más que aguantarme?»

¿A que cambia mucho pasar de una afirmación a una pregunta? Afirmamos cuando debemos preguntar y preguntamos cuando debemos afirmar, y en eso se nos va la vida.

Comparte esta fácil técnica con otras personas si deseas que mejoren su calidad de pensamiento; por ejemplo con tus hijos, tus sobrinos, tus alumnos o tu equipo de trabajo. Tenemos una responsabilidad como madres y padres, como jefes y como adultos que no podemos eludir.

Ahora aplica la técnica a la siguientes frases:

- «Haga lo que haga no servirá de nada.»
- «Estoy atrapado en esta vida.»

– «Jamás tendré la vida que deseo.»
– «Mi vida no puede ser como quiero.»
– «Estoy convencido de que no puedo vivir la vida que merezco.»

Te ayudo con el ejercicio. Lee en voz alta:

– «¿Haga lo que haga no servirá de nada?»
– «¿Estoy atrapado en esta vida?»
– «¿Jamás tendré la vida que deseo?»
– «¿Mi vida no puede ser como quiero?»
– «¿Estoy convencido de que no puedo vivir la vida que merezco?»

No lo olvides...

- Nuestros juicios y opiniones dependen de nuestro encuadre vital, experiencia, creencias, deducciones e intereses.
- Nuestras creencias pueden distorsionar nuestras deducciones.
- Vives según tus creencias.
- Perseveramos en nuestras creencias y nos cuesta modificarlas.
- Realizamos comparaciones entre lo que pensamos y la realidad.
- Pensamos en categorías.
- Para cada categoría hay un prototipo.
- La sobrecarga de trabajo provoca que abandonemos la tarea y simplifiquemos la elección.
- Cada persona tiene una lógica natural, lo cual no quiere decir que no cometa errores de deducción.

- ✔ Pensamos en clave de reglas mentales. Las reglas mentales son deducciones.
- ✔ Buscamos pruebas que demuestren las reglas y acabamos realizando inferencias a partir de estas pruebas.
- ✔ Buscamos confirmar nuestras reglas mentales.
- ✔ Añade unos signos de interrogación a esa frase absolutista o esa generalización que has realizado.

EPÍLOGO

EL ARTE DE PENSAR BONITO

Ya hemos llegado al final del libro. Quería escribir este epílogo en un lugar tranquilo con vistas y disfrutando del sol de primavera, pero la realidad es que está nevando a veintiuno de abril y he tenido que cambiar mis planes. Si no podemos subir a los valles altos, pues bajamos al río.

En el pueblo de Ordino, muy cerca del río, hay una zona preciosa al abrigo del frío viento del norte. Los árboles están empezando a brotar, el río baja furioso, tratando de encauzar las aguas del deshielo. Me dirijo a una gran roca que está caliente después de haber estado al sol toda la mañana.

En mis libros no explico nada que no sea real y que yo mismo no ponga en práctica, por lo que me asalta un pensamiento: «¿Tengo una vida bonita?».

Creo que sí. Vivo donde quiero, trabajo de lo que quiero, tengo la suerte de compartir la vida con Núria, tengo una hija que sobrepasa con mucho mis expectativas más optimistas y he viajado por medio mundo. No quisiera que sonase a una especie de alardeo, sino que tan solo pretendo ser descriptivo, no puedo afirmar otra cosa.

Vivir en una reserva de la Biosfera no ha sido casual. Nadie me ha regalado nada, sino que he ido tomando decisiones y adaptando mi trabajo a mis necesidades y prioridades. Trabajar de lo que quiero, cambiando cuando veo que se termina una etapa en vez de quedarme estancado e irme apagando y amargando poco a poco, tampoco ha sido casual. Nadie me ha ofrecido trabajo. He ido buscando la oportunidad, creándola si no existía, tomando decisiones, asumiendo incomodidades, a veces haciendo números para que todo cuadrara, y siempre pensando en nuevos proyectos. Con el trabajo nadie regala nada. Al revés, si pueden, te copian, te plagian, te engañan, te traicionan y tratan de darte mala reputación.

Con Núria tuve la suerte de que se cruzaran nuestros caminos en dos ocasiones, y menos mal que fue así, ya que la primera vez nos ignoramos mutuamente. Aparte de esa suerte, hemos hablado mucho, hemos tomado decisiones, hemos trabajado en nuestra relación y hemos tratado de construir hombro a hombro, durante casi veinte años, algo bonito desde el respeto y la confianza.

De Alícia qué puedo decir. Tuvimos la suerte de tener una hija cuando los médicos nos dijeron que nunca sería posible. No es una hija, es un milagro. A partir de aquí hemos tratado de ayudarla a ser autónoma, inquieta, curiosa, respetuosa y bondadosa. Seguimos en ello, caminando a su lado, tratando de ser el mejor ejemplo a imitar. Ella nos motiva a ser más bonitos.

He viajado por medio mundo. Alícia ya ha pisado algo más de veinte países. Me busqué un trabajo con el que viajar porque no podía costeármelo. Creo que he dormido más noches en una tienda de campaña que en un hotel, después hemos viajado en una furgoneta donde dormíamos toda la familia y ahora, por fin, hemos cumplido el sueño de poder viajar en una autocaravana.

Habrá más áreas en la vida, sin duda, pero estas son las que me han aparecido así de repente. No tenemos una vida fácil, tampoco creo que sea demasiado complicada. La salud de Núria no nos acompaña desde hace muchos años con temas serios, capaces de tumbar al más fuerte. Qué suerte que Núria tenga parte de jabalí en su ADN.

No podemos comprar una casa, como la mayoría de la gente. Estamos pagando a plazos nuestra autocaravana gracias a que nuestro gestor del banco lo peleó y apostó por nosotros. (Salva, *bonico*, *un saludet en valencià* y nuestro eterno agradecimiento.) Tenemos un coche de segunda mano y no conocemos el lujo más allá de cuando nos han invitado a una charla o a un evento. Ni más ni menos... Tenemos nuestros condicionantes, pero eso no supone que no podamos tener una vida bonita.

Con mis libros he tratado de compartir todo lo que hago para tener esa vida bonita. En este libro me he centrado en el pensamiento. En *Fortaleza emocional* me centré en cómo gestionar las emociones, tomar decisiones y gestionar la presión y el miedo. En *Kintsukuroi* me centré en cómo superar la adversidad y ser más resilientes, y en *Wabi sabi* me centré en dar al lector claves para entender cómo funciona la motivación y la actitud.

Durante esta aventura como escritor he compartido mi vida como persona pública. Mis amigos y la gente que me conoce de cerca sabe que soy tal cual se ve en las redes sociales. Las personas que me han conocido por mis libros y han venido a Andorra a hacer terapia dando un paseo por el bosque, con raquetas de nieve, esquiando o pedaleando, siempre dicen lo mismo, que soy tal cual, que es como si me conocieran de hace tiempo.

Cierro los ojos unos instantes. Escucho el rumor del agua. Cantan los pájaros. Empieza a *borrufar,* que es como llamamos en el Pirineo a los primeros copos de nieve que caen empujados por el viento.

Sí. Tengo una vida bonita. No ha sido fácil. He partido de cero, a veces creo que de más abajo, pero eso no me impide disfrutar de una vida bonita. Tengo las cartas que me ha dado la vida; no han sido las mejores, pero las juego de la manera más bonita que puedo. He trabajado desde los doce años para ayudar en casa y para poder pagarme la carrera y los estudios de las cosas más variopintas que puedas imaginar. Y siempre, siempre he tenido un objetivo: poder disfrutar de una vida bonita.

He tratado a muchas personas limitadas por sus pensamientos. La realidad es la que es, pero la filtramos y tamizamos en función de nuestros pensamientos. Nuestras teorías de la realidad dan sentido a nuestra vida, expandiéndola o limitándola. Tengo mil motivos, como tú, para pensar que tengo mala suerte, que mi vida está demasiado condicionada y que haga lo que haga no servirá de nada... pero, ¿sabes qué?, pues que siempre he sido un poco rebelde, siempre he querido superarme y siempre he pensado que solo tenía una vida y que tenía que aprovecharla.

Sal de esa prisión que es un pensamiento distorsionado y disfruta de esta única y breve vida que tenemos. Piensa bonito para poder tener una vida bonita. Quiero que tengas una vida bonita. Mereces tener una vida bonita. No te resignes. Aplica todo lo que has leído. Vuelve a empezar el libro, toma apuntes, subráyalo y hazte esquemas y resúmenes. Pero no renuncies a tener una vida bonita.

Me ha encantado compartir contigo este pequeño gran viaje por la mente humana y por el pensamiento. Me gustaría que mi próximo libro, que ya está a medias, no te pille sin haber vivido —bonito.

En Ordino, a 21 de abril de 2021

COMPENDIO DE SESGOS

Me gusta ver a las personas como un compendio de virtudes, pero para ser sinceros, a menudo somos un compendio de errores. A continuación he listado los errores y sesgos de pensamiento que hemos ido comentado a lo largo de todo el libro, por orden de aparición.

- Retrospectivo. Creer que podríamos haber predicho lo que nos iba a pasar.
- De confirmación. Damos más atención e importancia a los datos que confirman lo que pensamos y menos a los datos que lo contradicen.
- De representatividad. Creemos que lo que pensamos está más extendido de lo que realmente está.
- De memoria. Nuestra memoria altera los recuerdos en sintonía con nuestro estado emocional, nuestras necesidades o nuestras prioridades.
- Anclaje. Damos más peso a la última información que tenemos en memoria.
- Aversión a la pérdida. Preferimos perder poco a ganar mucho.
- Arrastre. Creemos algo porque muchas personas lo creen.
- Presentación. Podemos condicionar las decisiones en función de cómo se presenta la información.
- Control. Sobreestimamos el grado de control e influencia en elementos externos.

- Del cuñado. Te ves menos sesgado y más inteligente que el resto de personas.
- Maquillaje. Tendencia a recordar decisiones propias como mejores de lo que realmente fueron.
- Egocéntrico. Analizamos con prejuicio lo que no coincide con nuestros valores y damos por bueno lo que sí coincide.
- Chapman. Nuestras expectativas condicionan el análisis que hacemos de la información que nos presentan. Cuando nos dicen que alguien es bueno, haga lo que haga, lo veremos bueno.
- De planificación. Tenemos tendencia a infravalorar los tiempos que necesitamos para realizar una tarea.
- De atribución. Atribuimos virtudes a las personas en función de su apariencia: si es fuerte, unas, pero si es frágil, otras.
- Dualidad. Preferimos tener solo dos alternativas.
- Pseudocerteza. Tomamos decisiones adversas y de riesgo si creemos o nos hacen creer que el resultado será positivo.
- De los atenuantes. Creemos que no se pudo hacer nada más o nada mejor.
- De Rosch. Vemos unos ejemplares más típicos que otros dentro de una categoría. Un pollo es más típico que una gallina en la categoría «pájaro».
- De estereotipo. Nos fijamos solo en algunos tributos.
- Prejuicio. Deducimos algunas características en función de la categoría a la adscribimos a una persona.
- Pensamiento mágico. Creemos que hay relación entre dos acontecimientos.
- De proceso. Procesamos mal la información.
- De contenido. No tenemos la información bien almacenada.
- De estructura. No relacionamos bien la información.
- De gestión. Son errores o sesgos provocados por elementos contextuales como las emociones.

- De carga. Sobrecargamos el sistema.
- De disponibilidad. Creemos que es más frecuente aquello que nos resulta más fácil de recordar.
- De familiaridad. Procesamos más rápido aquello que nos resulta familiar que lo que nos resulta extraño.
- Falta de foco. Guardamos como relevantes datos que en realidad no lo son y pasamos por alto datos que son relevantes.
- De falta de estrategia. A veces tenemos una estrategia que no es adecuada, pero no somos conscientes de ello.
- De imagen. Trabajamos con la imagen que nos hemos formado de la realidad en vez de con la propia realidad.
- De velocidad. A más velocidad, más riesgo de error.
- Superficialidad. A mayor superficialidad, menor calidad del pensamiento.
- De validez. Ponemos un exceso de confianza en nuestras predicciones a partir de una única experiencia.
- De disonancia cognitiva. Nos convencemos de que no nos hemos equivocado.
- De perseverancia. No queremos cambiar de opinión.
- De falsa predicción. Confiamos más en nuestros juicios si son coherentes con la evidencia presente y disponible.
- De Evans. Desestimamos las hipótesis que nos conducen a una conclusión disonante con los resultados esperados.
- De falsificar la percepción. Distorsionamos lo que percibimos para que cuadre con lo que esperamos.
- De simpatía. Nos gustan más las personas que se parecen o reaccionan como nosotros.
- De representación. No funcionamos con la realidad sino con su representación.
- De multitarea. Cuando divides tu atención entre diferentes tareas, los resultados son más superficiales.

- De inseguridad percibida. A causa de una baja autoestima creemos que no tenemos competencias para enfrentarnos a una situación.
- De atribución causal por baja autoestima. Lo bueno nos sucede por suerte. Lo malo nos lo hemos buscado.
- Exceso de culpa de manera no realista.
- De falta de control. Nos sentimos indefensos y sin capacidad de control en lo que nos sucede.
- Inseguridad relacional. Ante determinadas personas nos sentimos inseguros.
- Inseguridad situacional. Sentimos falta de seguridad en determinadas situaciones debido a nuestras percepciones o pensamientos.
- De inseguridad. Nuestro cerebro da instrucciones a nuestro proceso atencional para que confirme la inseguridad que sentimos. Así, prestaremos más atención a los estímulos que nos provocan inseguridad que a los que nos proporcionan seguridad.
- De anticipación. Anticipamos lo que va a pasar en función de nuestro estado de ánimo, pero desconectados de la realidad.
- Por miedo. Lo ignoras todo menos lo que te da miedo. Te focalizas en ello, lo sacas de contexto y lo magnificas.
- De falta de filtro. No sabemos distinguir lo importante de lo irrelevante.
- De atribución de significado. Vemos un input y complementamos su significado con recuerdos y aprendizajes. No trabajamos con la realidad, sino con la representación de la realidad.
- De limitación de alternativas.
- De corsé. Incorporamos creencias limitantes heredadas por otras personas, a veces también por proclamas de publicidad o por causas propias.

- Confiar más en nuestro pensamiento que en la realidad.
- Confundir opiniones con hechos.
- Confundir intenciones con acciones.
- Confundir deseos con realidades.
- Confiar ciegamente en nuestra intuición.
- Creer que es más probable que se repita lo que ya ha pasado.
- Confundir lo posible con lo probable.
- Incrementar la probabilidad de ocurrencia de lo deseado.
- El Excel lo aguanta todo: maquillaje y selección de datos.
- Creer que no tenemos datos.
- Creer que tenemos datos malos.
- Creer que no es posible tener datos.
- La información accesible aumenta la probabilidad percibida.
- De Pollyanna. Sobreestimamos lo deseado y subestimamos lo no deseado.
- Utilidad esperada. Inferimos la utilidad y apostamos por lo que consideramos que nos resultará de utilidad.
- Principio de satisfacción. Estamos satisfechos con nuestra elección, aunque no sea la mejor.
- Criterio de la razón insuficiente de Laplace. Cuando no sabemos la probabilidad, asumimos que es la misma para todas las alternativas y elegimos la que nos resulte más útil.
- Criterio de dominancia. Elegimos las mejores opciones y descartamos las peores.
- Criterio optimista. Creemos que no pasará nada malo.
- Criterio pesimista. Creemos que seguro que pasa algo malo.
- De Savage. Criterio de la pérdida de oportunidad. Toda decisión gira en torno al factor clave del arrepentimiento de no haber elegido lo mejor.
- Satisfacción conjuntiva. Cuando una opción tiene que satisfacer diferentes criterios.

- Reconocimiento. Elegimos las opciones que conocemos y dejamos lo desconocido.
- Razón única. Nos lo jugamos todo a una sola razón.
- Justificación. Elegimos el criterio que nos resulta más fácil de justificar.
- Efecto halo. La preferencia por elegir aquellos estímulos que están en consonancia con nuestro estado emocional.
- Acomodación cognitiva. La creencia de que no hace falta buscar más información de la que ya tenemos.
- Ceguera intencional. Dejamos de ver aquello que no queremos ver.
- Atención selectiva en función de nuestro estado emocional.
- Perseverancia de las creencias, sean acertadas o erradas, y resistencia a abandonarlas.
- Creencias que distorsionan nuestras deducciones.
- Dar más valor a nuestras creencias que a la realidad.
- Por sobrecarga. Nos precipitamos en nuestras conclusiones para poder terminar rápido con una situación que nos está generando sobrecarga de trabajo cognitivo.

AGRADECIMIENTOS

Tengo tanto que agradecer que no sé por dónde empezar. Creo que mi primer agradecimiento es para ti, por leerme, por dedicar una parte de tu presupuesto y de tu tiempo a leer mis libros. Por tener el valor de cuestionarte tu vida y por tener la audacia de querer una vida bonita y confiar en mí para conseguirlo.

También quiero darte las gracias a ti, que me sigues en las redes sociales y que me permites formar parte de tu día a día. Tus mensajes agradeciendo las publicaciones, tus buenos deseos, tus comentarios y especialmente tus muestras de preocupación, buenos deseos, bendiciones y plegarias por la salud de Núria hacen que mi día a día sea más bonito. Gracias de corazón.

Me gustaría darte las gracias a ti, de nuevo, porque me resultas inspirador, porque eres mi musa, porque eres mi mejor aliciente para hacer un libro útil, riguroso y didáctico. Eres mi faro, mi referente y mi mejor estímulo para trabajar bien. Mereces lo mejor y yo tan solo trato de estar a la altura.

Quiero hacer una mención especial a todo mi equipo editorial que en este año tan complicado por culpa de la pandemia ha tenido que tirar de ilusión y de resiliencia para poder seguir ahí, al pie del cañón. Mi agradecimiento a mis editoras, a todo el equipo de corrección, maquetación, diseño, marketing, administración y comercial. Me gustaría hacer una mención especial al equipo de Foreign Rights por su gran labor en la difusión de mis libros en diferentes idiomas y países. También quiero hacer una mención especial al equipo de marketing digital y su inestimable ayuda en esto de los entresijos de las redes sociales.

No puedo pensar en mi editorial sin pensar en Marcela. *Gràcies, reina*. Marcela siempre anda intentando generar oportunidades. Tiene una mente inquieta y creativa que no para de buscar y de crear. Es todo un placer trabajar a su lado y aprender de su talento y experiencia. Sé que trabajar con ella es todo un honor. No conozco a nadie más exigente, y que confíe en mí y cuente conmigo es una buena medida de la calidad que yo puedo ofrecer y que ella espera.

Quiero dar las gracias en especial a una persona que cuida de mí siempre que vamos a la montaña: Felip. Felip, celebro el día que Fernando nos puso en contacto. Felip es capaz de hacer las gestiones para alquilarme una bici eléctrica, irla a buscar y a devolverla con el objetivo de que salga a la montaña a hacer deporte. Me hace la vida más fácil, se preocupa por mí y por mi salud. Eso sin hablar de sus pícnics espectaculares. *Gràcies, noi, tenim molts kilòmetres per fer... I molts àpats!*

Cómo no, tengo tanto que agradecer a Alícia y a Núria. Sin su apoyo no podría hacer la mitad de las cosas que hago. Un poquito de chocolate en la mesa al lado del teclado, una broma, una mirada de complicidad, la puesta en orden del despacho, una idea interesante, un enlace a un artículo no son más que muestras de amor. Gestos invisibles, gestos imprescindibles, una ayuda crucial.

Y para acabar he querido dejar el postre, el plato más importante. Me pongo a los pies de los sanitarios que lo han tenido que dar todo para tratar de frenar esta pandemia, de los profesores que han hecho las veces de psicólogos, padres, colegas y maestros, de los repartidores que nos han abastecido, del personal de todos los servicios básicos que han ido a trabajar con miedo y haciendo de tripas corazón, y ¡cómo no! de todas y cada una de las personas que han aportado su granito de arena para ayudar a quien lo ha necesitado en unos momentos tan duros como los que estamos viviendo. Mis respetos, agradecimiento y admiración.